AF368972

TROIS FEMMES

POUR

UN MARI

COMÉDIE-BOUFFE EN TROIS ACTES

Représentée pour la première fois, à Paris, sur le théâtre CLUNY.
le 11 janvier 1884.

DEUXIÈME ÉDITION

TROIS FEMMES

POUR

UN MARI

COMÉDIE-BOUFFE EN TROIS ACTES

PAR

E. GRENET-DANCOURT

PARIS

PAUL OLLENDORFF, ÉDITEUR

28 *bis*, RUE DE RICHELIEU, 28 *bis*

1884

A

MESSIEURS LES CRITIQUES DRAMATIQUES

DE LA PRESSE PARISIENNE.

PERSONNAGES

ANDRÉ, jeune peintre.............. MM. Guyon fils.
RAOUL, jeune avocat .... Regnard.
DUBOCHARD, oncle d'André, 60 ans. Vavasseur.
DARDENBOIS, oncle de Raoul, 55 ans....................... Moch.
GABRIEL CARINDOL, père de Juliette, 50 ans...................... Victor Gay.
Master BOXOON, père de Victoria.. Boscher.
L'ADJOINT .... Court.
BAPTISTE, jeune jardinier.......... Vandenne.

Madame BASSINET, concierge, 46 ans Mmes Irma Aubrys.
Madame CARINDOL, mère de Juliette, 42 ans....................... Fanny Génat.
JULIETTE CARINDOL, 19 ans..... Godard.
PIGEONNETTE, 25 ans............ Doria.
EUPHÉMIE, fille de Mme Bassinet, 20 ans....................... Gorius.
Miss VICTORIA BOXOON, 20 ans.. Berette.
FRANÇOISE, jeune bonne.......... Josepha.

Les deux premiers actes à Paris et le troisième en Bourgogne.
— De nos jours.

Pour la mise en scène, s'adresser à M. Boscher,
régisseur du théâtre Cluny.

Nota. — Cette pièce ne pourra être représentée qu'avec l'autorisation spéciale de l'auteur. S'adresser, pour les conditions, à M. Roger, agent général, 8, rue Hippolyte-Lebas, à Paris.

TROIS FEMMES POUR UN MARI

ACTE PREMIER

A PARIS, CHEZ ANDRÉ

Un atelier de peintre très coquet. — Au fond, à droite, porte à deux
battants donnant sur une antichambre. — A gauche de la porte,
un piano. — Au fond, à gauche, dans un pan coupé, une estrade
pour les modèles, pouvant se masquer par un paravent s'ouvrant à
volonté. — Devant l'estrade, un chevalet. — Le long du mur de
gauche, une console chargée de statuettes et de bibelots. — Au premier plan, à gauche, une porte. — Au premier plan, à droite, une
porte masquée par une portière ; au second plan, une porte. — En
scène, à gauche, une table ; à droite, un canapé, meubles divers.
— Aux murs, tableaux, esquisses, plâtres, armures et vieilles tapis-
series. — Au lever du rideau, Euphémie est debout sur l'estrade
et madame Bassinet, un plumeau dans une main et un livre dans
l'autre, est assise à droite, sur le canapé.

SCÈNE PREMIÈRE

MADAME BASSINET, EUPHÉMIE.

EUPHÉMIE, sur l'estrade.

Crois-moi, ce monstre affreux ne doit point t'échapper.
Voilà mon cœur, c'est là que ta main doit frapper.
Impatient déjà d'expier son offense,

Au-devant de ton bras je le sens qui s'avance :
Frappe, ou si tu le crois indigne de tes coups,
Si ta haine m'envie un supplice si doux,
Ou, si d'un sang trop vil ta main serait trempée,
A défaut de ton bras, prête-moi ton épée.
Donne.

MADAME BASSINET, lisant avec peine.

Que faites-vous, madame? Justes dieux !

EUPHÉMIE, descendant de l'estrade.

C'est tout; je ne sais que jusque-là!

MADAME BASSINET.

Comment! tu n'as appris que cela depuis huit jours ?
Euphémie, tu ne travailles pas assez.

EUPHÉMIE.

Mais, maman...

MADAME BASSINET.

Depuis trois ans que tu prends des leçons, tu devrais
déjà être au théâtre.

EUPHÉMIE.

Oh! pour ce que j'y tiens !

MADAME BASSINET.

Tu aimes mieux voir ta mère pauvre et concierge...
toute sa vie ?

EUPHÉMIE.

Si tu crois que c'est le théâtre qui nous enrichira!...
On n'y gagne pas seulement de quoi payer ses toilettes.

MADAME BASSINET.

On se les fait payer.

EUPHÉMIE, naïvement.

Par qui?

MADAME BASSINET, embarrassée.

Euphémie, il est des choses qu'une mère ne peut pas
dire à sa fille. Allons, descends; le propriétaire pourrait

venir et tu sais qu'il est furieux quand il ne voit personne dans la loge ; moi, je vais finir de ranger ici avant l'arrivée du nouveau locataire.

EUPHÉMIE, étonnée.

Du nouveau locataire ?

MADAME BASSINET.

Mais oui. Comment ! je ne te l'avais pas dit ? M. André se marie demain et il cède son appartement de garçon à un jeune avocat de ses amis, nommé Raoul... Raoul Dardenbois... On dirait que ça te fait quelque chose ?

EUPHÉMIE.

Dame ! quand on est habitué à un locataire !

MADAME BASSINET.

Ah çà ! voyons, Euphémie ! je pense que tu n'as pas été assez folle pour t'éprendre de ce M. André ?

EUPHÉMIE.

M'éprendre ! non, mais...

MADAME BASSINET.

Ah ! c'est que si tu te mettais à donner dans le sentiment, ma fille, tu pourrais dire adieu à ton avenir ; j'y ai donné, moi, dans le sentiment, et le résultat, tu le vois : concierge.

EUPHÉMIE, avec intérêt.

Mon père ?...

MADAME BASSINET, d'une voix sombre.

Oui.

EUPHÉMIE, vivement.

Comment était-il ? Est-ce que je lui ressemble ?

MADAME BASSINET.

Je n'en sais rien.

EUPHÉMIE.

Tu ne l'as pas connu ?

MADAME BASSINET.

Non, il était masqué... C'est en sortant du bal de l'Opéra, il avait une tête de singe... en carton... Alors !...

EUPHÉMIE.

Alors ?

MADAME BASSINET, changeant de ton.

Je te dirai cela quand tu seras majeure. (Allant vers la porte du fond.) Tiens, voici M. André !

SCÈNE II

LES MÊMES, ANDRÉ, RAOUL.

ANDRÉ.

Ma chère madame Bassinet ; permettez-moi de vous présenter votre nouveau locataire, M. Raoul Dardenbois, avocat de talent, de bonne conduite, et mon meilleur ami. (Présentant madame Bassinet.) Madame Bassinet, aussi sympathique comme femme que comme concierge. (Présentant Euphémie.) Mademoiselle Euphémie, sa fille, une de nos tragédiennes d'avenir.

RAOUL, saluant.

Mademoiselle...

ANDRÉ, à Raoul.

Tu vois que tu seras très bien. Ici, c'est mon atelier : tu pourras en faire ton salon.

MADAME BASSINET, ouvrant la porte de gauche.

Voici la salle à manger.

EUPHÉMIE, ouvrant la porte de droite, deuxième plan.

Et là, la chambre à coucher.

ANDRÉ.

Avec cabinet de toilette.

MADAME BASSINET, vivement.

Et autres... à l'anglaise.

[RAOUL.

Charmant, charmant!

MADAME BASSINET.

Il n'y a qu'un inconvénient : toutes les fenêtres donnent sur la cour.

RAOUL.

Ah! ça, c'est embêtant quand on veut voir ce qui se passe dans la rue.

MADAME BASSINET, très aimable.

Si monsieur veut bien entrer quelquefois dans ma loge, je le lui raconterai.

RAOUL.

Je n'osais pas vous le demander.

EUPHÉMIE, à part, regardant Raoul.

Il est très bien, ce monsieur Raoul.

ANDRÉ, ouvrant le piano et en tirant une bouteille.

Enfin, voilà la cave.

RAOUL.

Comment! tu mets ton vin dans ton piano?

ANDRÉ.

Tu le vois. Tiens! Est-ce que vous êtes musicienne, madame Bassinet?

MADAME BASSINET.

Pourquoi ça?

ANDRÉ.

C'est qu'on a dû toucher du piano pendant mon absence ; il manque une bouteille,

MADAME BASSINET, piquée.

Est-ce que monsieur suppose...?

ANDRÉ, protestant.

Oh! au contraire.

MADAME BASSINET.

A la bonne heure! (A sa fille.) Allons, viens, Phémie, laissons ces messieurs! (Revenant vers Raoul.) Pardon! continuerai-je à servir monsieur, (Montrant André.) comme je servais monsieur?

RAOUL.

Mais... certainement, certainement.

MADAME BASSINET, saluant.

Messieurs, votre servante.

EUPHÉMIE, à part, en sortant.

Il est très bien.

Elle sort avec sa mère.

SCÈNE III

ANDRÉ, RAOUL.

ANDRÉ, s'asseyant.

Eh bien! voyons, tu ne me dis rien de ton nouveau local. Ça a du cachet, hein? Au moins, ici, tu pourras recevoir des femmes du monde, tandis que dans ton affreuse chambre d'hôtel...

RAOUL, s'asseyant.

Peuh! J'avais les fiacres.

ANDRÉ.

Les fiacres! Et la morale?

RAOUL.

Ah ! elle va à pied, la morale.

ANDRÉ.

Polisson, va !

RAOUL.

Ah ! dame, je ne suis pas comme'toi, à la veille de me marier, de m'attacher la corde au cou !

ANDRÉ, avec un soupir.

Veinard !

RAOUL.

Oh ! oh !... Voilà un « veinard » qui signifie que tu regrettes déjà l'action que tu vas commettre.

ANDRÉ.

Moi? non ! Mademoiselle Carindol est une jeune fille charmante, que j'épouse parce que je l'aime, parce que je l'adore, et c'est avec une impatience... fiévreuse... que j'attends la journée de demain.

RAOUL.

Alors, ce sont ses parents qui te déplaisent?

ANDRÉ, vivement.

Pas du tout ! M. Carindol, mon futur beau-père, est un imbécile, mais c'est un très brave homme... qui s'est retiré des affaires, il y a deux ans, avec une assez jolie fortune... acquise dans l'épicerie... avec autant d'honnêteté qu'en peut comporter ce genre de commerce; sa femme, madame Carindol, est une imbécile aussi...

RAOUL.

Ah ! elle aussi?

ANDRÉ

Peut-être un peu moins, mais...

RAOUL.

Oui, enfin, c'est un ménage assorti.

ANDRÉ.

Oh ! très assorti... Mais de même que son mari, c'est
une excellente personne et je ne lui connais qu'un défaut : une extrême sensibilité. Depuis qu'elle doit marier
sa fille avec moi, elle pleure du matin au soir à l'idée
que sa chaste Juliette va apprendre de moi tout ce
qu'elle-même a appris de M. Carindol, le jour de son
mariage.

RAOUL.

Apprends-lui autre chose.

ANDRÉ.

T'es bête !.. En un mot, ce sont de très braves gens qui
ont su, non seulement faire une fille charmante, mais
encore lui donner une dot de deux cent mille francs.

RAOUL.

L'épicerie a du bon.

ANDRÉ.

Le ciel de mon bonheur serait donc sans nuage, si mon
oncle ne venait l'obscurcir.

RAOUL.

Ton oncle ?

ANDRÉ.

Oui, mon oncle, mon oncle Dubochard, ancien herbo-
riste, sexagénaire, veuf et sans enfants, qui vit en Bourgogne dans une petite commune dont il est conseiller
municipal et où il mange tranquillement les quarante
mille francs de rentes qu'il a amassées dans la droguerie,
avec autant d'honnêteté qu'en peut comporter ce genre
de commerce, et dont j'hériterai à la condition *sine quâ
non* que je ne me marierai jamais.

RAOUL.

Ah ! bigre !

ANDRÉ.

Il s'est marié trois fois, lui.

RAOUL.

Trois fois ! je comprends le *sine quâ non.*

ANDRÉ.

Sa première femme l'a rendu heureux, mais elle l'a trompé. La seconde ne l'a pas trompé, mais elle l'a rendu malheureux. Enfin, la troisième l'a trompé comme la première et rendu malheureux comme la seconde.

RAOUL.

Alors ?

ANDRÉ.

Alors, il a le mariage en horreur, non seulement pour lui, mais encore pour les autres, et chaque fois que je lui ai parlé de prendre femme, il a brandi, furieux, son testament au-dessus de ma tête.

RAOUL, riant.

Le testament de Damoclès. Cependant tu te maries demain ?

ANDRÉ.

Oui, mais à l'insu de mon oncle.

RAOUL.

Et lorsque tu seras marié, comment lui cacheras-tu... ?

ANDRÉ.

S'il vient à Paris, j'enverrai, sous un prétexte quelconque, ma femme passer quelques jours chez ses parents, et s'il me fait venir en Bourgogne, j'irai tout seul. De cette façon il ignorera toujours que je suis marié.

RAOUL.

Et les Carindol savent-ils que tu es affligé d'un oncle pareil ?

ANDRÉ.

Ils savent... ils savent que j'ai un oncle très riche dont je suis l'héritier : c'est même pour ça qu'ils me donnent leur fille ; mais ce qu'ils ne savent pas, c'est que cet oncle ne veut pas que je me marie.

RAOUL.

Ça leur semblera drôle demain de ne pas le voir à la noce.

ANDRÉ.

Oh! je leur ai dit que l'entrée de Paris lui était interdite à cause d'une condamnation pour délit politique qu'il avait subie jadis.

RAOUL.

Ils ont coupé ?

ANDRÉ.

Je t'ai dit que c'étaient des imbéciles.

RAOUL.

C'est juste. (Changeant de ton.) Eh bien! moi, mon oncle...

ANDRÉ.

Tu as donc aussi un oncle?

RAOUL.

Mais oui, j'ai un oncle, un oncle qui est planteur au Canada, je ne sais pas au juste ce qu'il plante, mais enfin il est planteur : c'est un Dardenbois comme moi; il est vieux garçon, et possède une fortune immense qu'il ne me laissera, lui, qu'à la condition que je serai marié avant sa mort.

ANDRÉ.

Quel âge a-t-il?

RAOUL.

Cinquante-cinq ans.

ANDRE.

S'il se porte bien...

RAOUL.

Ah! j'ai encore du temps devant moi... Pourtant je ne serais pas étonné que mon cher oncle vînt un jour tout exprès du Canada pour me marier.

ANDRÉ.

Tu la trouverais mauvaise?

RAOUL.

Oh ! oui, car, moi, je suis comme ton oncle, j'ai le mariage en horreur : je trouve que c'est une invention dia-
bolique, immorale et malsaine.

ANDRÉ, haussant les épaules.

Tiens ! tu déraisonnes ; je m'en vais.

RAOUL.

Tu n'es pas pressé ?

ANDRÉ.

Si, si, tu sais? la veille d'un mariage, on a un tas de
courses à faire : d'abord il faut que j'aille chez mon second témoin qui m'a fait dire hier qu'il était malade,
puis que je m'achète des gants, une paire de bretelles, et
enfin... que j'aille aux bains.

RAOUL.

Eh bien ! va aux bains !

ANDRÉ, remontant la scène.

J'y vais...

RAOUL.

Je t'attends ici.

ANDRÉ, au fond.

C'est cela. (Revenant.) Ah! dis donc! tu sais que je ne te
livrerai mon appartement que demain.

RAOUL.

C'est entendu.

ANDRÉ, sortant.

A tantôt...

Il sort.

RAOUL, seul.

Maintenant que me voilà seul, si j'examinais un peu...

ANDRÉ, rentrant précipitamment.

Raoul, Raoul!

RAOUL, sautant.

Quoi?

ANDRÉ.

Voilà Pigeonnette qui monte.

RAOUL.

Ta maîtresse!... Eh bien?

ANDRÉ.

Eh bien... il faut que tu la reçoives pour moi... que tu lui dises... que... que...

RAOUL.

Que... que... quoi?

ANDRÉ.

Que je me marie demain... que... Dis-lui... (Avec désespoir.) Ah! pauvre Pigeonnette!

RAOUL.

Tu ne l'avais donc pas liquidée?

ANDRÉ.

Non, j'ai oublié.

RAOUL, avec humeur.

A quoi penses-tu donc?

ANDRÉ.

Chut!... la voici...

Il se cache dans la chambre de droite, deuxième plan.

SCÈNE IV

RAOUL, PIGEONNETTE, ANDRÉ, caché à droite.

PIGEONNETTE, apercevant Raoul.

Tiens, monsieur Raoul! (Lui tendant la main.) Comment
va? André est ici?

RAOUL.

Non, il est sorti.

PIGEONNETTE.

Tant mieux!

RAOUL.

Comment!... tant mieux?

PIGEONNETTE.

Oui, j'ai quelque chose de très pénible à lui dire, et
puisque vous êtes là, j'aime autant que ce soit vous qui
le lui disiez quand il reviendra, que moi.

RAOUL.

Vous me comblez.

PIGEONNETTE, s'asseyant.

Je le lâche!

RAOUL.

S'il vous plaît?

PIGEONNETTE, répétant.

Je lâche André... Je le quitte, si vous aimez mieux.

RAOUL, souriant.

Ah! je n'ai pas de préférences. (A part.) Comme ça se
trouve!

PIGEONNETTE.

Voyez-vous, mon ami, j'ai beaucoup réfléchi depuis quelque temps, et je me suis aperçue que la situation la plus régulière et la plus honorable, pour une femme, c'est encore le mariage.

RAOUL.

Oui.

PIGEONNETTE.

André ne m'épousera jamais.

ANDRÉ, à la porte de droite.

Non.

PIGEONNETTE, qui croit que c'est Raoul qui a répondu.

Il vous l'a dit?

RAOUL, qui a entendu André.

Indirectement.

PIGEONNETTE, se levant.

Et moi, je veux me marier.

RAOUL.

Avec qui?

PIGEONNETTE.

Je ne sais pas encore : on s'occupe de moi; si, de votre côté, vous entendiez parler de quelque chose parmi vos amis et connaissances...

RAOUL.

Je vous écrirais.

PIGEONNETTE.

Je suis jolie, j'ai quelque fortune... assez d'esprit pour n'être point sotte... de plus, si j'ai quelque peu... (Elle fait claquer ses doigts.) je ne me suis jamais affichée comme certaines femmes, qui... Enfin je crois, sans vanité, que pour quelqu'un qui voudrait se marier, ce serait une véritable occasion.

RAOUL.

Occasion est le mot.

ANDRÉ, à part.

Oh! oui.

PIGEONNETTE.

Allons, je compte sur vous : faites part à André de ma
résolution, mais tâchez d'adoucir les choses.

ANDRÉ, sortant de sa cachette.

C'est fait.

PIGEONNETTE.

Comment ! tu étais là?

ANDRÉ.

Oui, j'étais là, et j'ai tout entendu, et je suis le plus
heureux des hommes !

PIGEONNETTE.

Hein?...

ANDRÉ.

Moi aussi je suis obligé de te quitter, et j'avais chargé
Raoul de te l'annoncer.

PIGEONNETTE, à André.

Et pourquoi me quitter?

ANDRÉ, avec effort.

Parce que... parce que je me marie demain.

PIGEONNETTE, tressautant.

Tu... te... maries?... Ah !

Elle défaille.

RAOUL, la soutenant.

Elle se meurt!... Ça ne sera rien !

ANDRÉ, à ses genoux.

Voyons, ma petite Pigeonnette, qu'est-ce que ça peut te
faire que je me marie ?

RAOUL.

Oui... qu'est-ce que ça vous fait?

PIGEONNETTE, se remettant.

Ça me vexe, tiens ! on a son amour-propre. D'abord pourquoi ne m'as-tu pas dit cela plus tôt?

ANDRÉ, à Pigeonnette.

Je n'ai pas osé... Je t'aime tant !

PIGEONNETTE, à André.

Allons, je te pardonne, mais à une condition : c'est que tu t'occuperas de me trouver un mari.

ANDRÉ.

Comment ! tu veux que je m'occupe?...

RAOUL.

Mais si quelqu'un doit s'en occuper, c'est surtout toi.

PIGEONNETTE.

Naturellement.

RAOUL, montrant Pigeonnette.

Tu connais madame.

PIGEONNETTE, continuant.

Mon caractère.

RAOUL, même jeu.

Ses qualités.

PIGEONNETTE, même jeu.

Et... et cætera.

RAOUL, même jeu.

Tu pourras donner des renseignements.

ANDRÉ.

Allons, soit... c'est entendu.

VOIX DE CARINDOL, dans la coulisse.

La porte à gauche ! merci, merci...

ANDRÉ, sautant.

Ciel ! M. Carindol, mon beau-père !.. (A Pigeonnette.) Ah ! mon Dieu ! s'il te voit ici, il va me faire un tas de questions et il est capable de deviner... Cache-toi, cache-toi !...

Il la fait monter sur l'estrade et déploie le paravent.

SCÈNE V

LES MÊMES, PIGEONNETTE, cachée, CARINDOL.

CARINDOL, à André.

Bonjour, mon gendre. (Saluant Raoul.) Monsieur, serviteur.

ANDRÉ, présentant Raoul.

M. Raoul Dardenbois, avocat de mes amis, qui veut bien être demain mon premier témoin. (Présentant Carindol.) M. Gabriel Carindol, mon beau-père.

CARINDOL, à Raoul.

Monsieur, enchanté... (Lui serrant la main.) Votre santé est bonne ?

RAOUL.

Un peu enrhumé.

CARINDOL.

Faut soigner ça : j'ai un de mes amis qui en est mort. Mais je ne vois pas ma femme.

ANDRÉ.

Votre femme ?

CARINDOL.

Oui, elle est allée faire des courses avec sa fille et elle m'a donné rendez-vous ici.

ANDRÉ.

Comment ! mademoiselle Juliette va venir chez moi?

CARINDOL.

Je sais que cela ne se fait pas, mais c'est un caprice... Juliette veut absolument, avant de se marier, voir un appartement de garçon et surtout un atelier de peintre; alors nous avons pensé, ma femme et moi, qu'il valait mieux lui faire voir le vôtre que celui d'un autre.

ANDRÉ.

Je vous remercie.

CARINDOL.

Dites donc, mon gendre, une jeune fille peut voir tout ce qu'il y a ici sans rougir, hein? C'est que ma femme a élevé sa fille dans des principes!... A ce propos même, je dois vous dire qu'une fois marié, il ne faudra pas vous amuser à peindre des choses qui... des... des. (Changeant de ton.) Comment appelez-vous ça, avec une feuille de vigne?

RAOUL.

Des nudités.

CARINDOL.

C'est ça... Moi, j'aime assez ce genre-là, mais, ma femme, il ne faut pas lui en parler. Il faudra donc vous contenter de peindre... n'importe quoi : des arbres, des fleurs.

RAOUL, continuant.

Des légumes, des fruits...

CARINDOL, même jeu.

Des animaux.

RAOUL, montrant Carindol.

Tu pourras faire le portrait de monsieur.

CARINDOL.

Et celui de ma femme.

ANDRÉ.

Ne craignez rien, cher beau-père : madame Carindol n'aura pas à rougir de mes tableaux : le nu n'est pas mon genre.

CARINDOL, regardant un tableau.

A la bonne heure!... Cependant voilà un personnage qui me paraît peu vêtu.

ANDRÉ, embarrassé.

Ah ! je vais vous dire : c'est... c'est...

CARINDOL.

Est-ce un homme ou une femme?

RAOUL, vivement.

Ni l'un ni l'autre : c'est un saint.

CARINDOL, regardant toujours le tableau.

Ah! c'est un saint, ce bonhomme-là?

ANDRÉ, avec conviction.

Oh! oui, un bien grand saint!

CARINDOL.

C'est... saint... quoi?

ANDRÉ, cherchant.

C'est... saint... saint... saint...

RAOUL, vivement.

Saint Labre!

CARINDOL.

Mais il n'a pas d'auréole?

ANDRÉ.

Il était très pauvre.

CARINDOL, montrant un tableau de loin.

Et celui-là, c'est encore un saint?

ANDRÉ, vivement.

Non, non, c'est un...

CARINDOL.

Eh bien! mais il n'est pas plus vêtu que l'autre!

ANDRÉ.

Dame! il faut bien faire le corps avant de faire les vêtements.

CARINDOL.

C'est juste, je suis bête.

RAOUL, à part.

Oh! oui.

CARINDOL, allant vers l'estrade.

Et derrière ce paravent, qu'est-ce qu'il y a?

RAOUL.

Ah! bigre!

ANDRÉ, embarrassé.

Mais...

CARINDOL, ouvrant le paravent et apercevant Pigeonnette.

Une femme!

ANDRÉ.

Oui, ça, c'est une femme.

PIGEONNETTE, à Carindol.

Bonjour, monsieur, vous allez bien?

Elle descend en scène

CARINDOL, à André, d'un air soupçonneux.

Mon gendre, quelle est cette femme?

ANDRÉ, troublé.

Mais...

CARINDOL.

Répondez, mon gendre!

ANDRÉ, à part.

C'est... c'est... (Frappé d'une idée subite.) C'est madame Dardenbois, la femme de mon ami Raoul.

RAOUL, furieux.

Hein?

ANDRÉ, bas, à Raoul.

Tais-toi ! tu me sauves.

CARINDOL, bas, à André.

Pourquoi donc se cache-t-elle?

ANDRÉ, de même.

Parce que... parce que... mon ami et elle sont mariés secrètement, et alors...

CARINDOL, à André.

Très bien. (A Pigeonnette.) Soyez tranquille, madame, je serai discret.

PIGEONNETTE, à part.

Qu'est-ce qui lui prend?

CARINDOL, à Pigeonnette.

J'espère, madame, que ce n'est pas cela qui vous empêchera d'être des nôtres demain?

ANDRÉ, à Raoul.

Comment! il l'invite!

RAOUL.

Dame! tu lui dis que c'est ma femme. Nous sommes propres.

PIGEONNETTE, à Carindol.

Mais, monsieur...

CARINDOL, remontant la scène.

Allons, allons, c'est entendu, je compte sur vous. (A André.) Je vous quitte, mon gendre! Si ma femme vient, dites-lui de m'attendre un peu, que je suis aux bains et

que je vais revenir. (Redescendant.) **A propos, et votre se-**
cond témoin, comment va-t-il?

ANDRÉ.

Je n'en sais rien : je vais aller lui faire une visite.

CARINDOL.

Qu'est-ce qu'il a?

ANDRÉ.

Un asthme.

CARINDOL.

Faut soigner ça : j'ai un de mes amis qui en est mort.
Allons! à tout à l'heure.

Il sort.

SCÈNE VI

LES MÊMES, moins CARINDOL.

ANDRÉ.

J'espère, ma chère Pigeonnette, que tu n'as pas pris au
sérieux l'invitation de mon beau-père et que...

PIGEONNETTE, l'interrompant.

Et que je n'assisterai pas à ton mariage? Eh bien! tu te
trompes, mon petit, tu te trompes.

RAOUL.

Hein?

ANDRÉ.

Comment?

PIGEONNETTE.

Je suis invitée, j'ai accepté et j'irai.

ANDRÉ.

Mais...

PIGEONNETTE.

Est-ce que tu rougirais de moi, par hasard?

ANDRÉ.

Non, mais...

PIGEONNETTE.

Sois donc tranquille! Je suis dans le train, moi, j'épa-
terai tous tes invités : je ne ferai que des imparfaits de
subjonctif.

RAOUL, à part.

Tant pis!

PIGEONNETTE, levant le bas de sa robe.

Et au bal donc, tu verras ça.

ANDRÉ, vivement.

Il n'y a pas de bal.

RAOUL, à part.

Heureusement.

ANDRÉ.

Il n'y a qu'un déjeuner.

RAOUL.

Un déjeuner froid.

ANDRÉ.

Tout froid, tout froid.

PIGEONNETTE.

Alors! va pour le déjeuner!

ANDRÉ.

Encore une fois, Pigeonnette, il est impossible que tu
viennes.

PIGEONNETTE.

J'irai, cependant.

ANDRÉ.

Tu n'iras pas, te dis-je.

PIGEONNETTE.

Je te dis que j'irai.

ANDRÉ.

Non !

PIGEONNETTE.

Si !

ANDRÉ.

Non, non, non, non !

PIGEONNETTE.

Si, si, si, si !

RAOUL.

Qsi, qsi, qsi !

ANDRÉ, suppliant.

Pigeonnette, au nom de notre amour !...

PIGEONNETTE.

Zut ! et à demain.

Elle sort.

ANDRÉ, à Raoul.

Je descends avec elle. Je vais encore essayer de lui faire comprendre qu'il est impossible qu'elle se trouve demain en présence de ma fiancée.

RAOUL.

Bah ! puisqu'elle rompt avec le passé et prend du service dans le bataillon des femmes honnêtes.

ANDRÉ.

Oh ! je la connais ; elle n'y fera pas seulement ses vingt-huit jours, dans ce bataillon-là.

Il sort.

SCÈNE VII

RAOUL, puis EUPHÉMIE.

RAOUL, seul.

Il aura beau faire : Pigeonnette viendra... et me voilà marié avec elle, moi!... Heureusement que ce n'est que pour une journée... et qu'elle n'en sait rien... car, avec ses idées matrimoniales, elle serait dans le cas de prendre la chose au sérieux et... (On frappe.) Qui est là?

EUPHÉMIE, au fond.

C'est moi... monsieur Raoul... Voici une dépêche qu'on vient d'apporter de votre hôtel.

Elle lui donne une dépêche.

RAOUL, lisant la dépêche.

« Arriverai chez toi ce soir. Ton oncle, Dardenbois. » Allons bon! il ne manquait plus que cela!.. Que le diable l'emporte!

EUPHÉMIE, remontant la scène.

Adieu, monsieur.

RAOUL.

Vous partez!... déjà?

EUPHÉMIE, redescendant.

Monsieur a quelque chose à me dire?

RAOUL, la faisant asseoir.

Mais on a toujours quelque chose à dire à une jolie personne comme vous, car vous êtes très jolie, savez-vous?

EUPHÉMIE, baissant les yeux.

Il faut bien, quand on n'a pas de fortune.

RAOUL, surpris.

Hein?

EUPHÉMIE.

C'est maman qui dit cela.

RAOUL, à part.

Honnête femme! (Haut.) Dites-moi : Est-ce vous qui montez les lettres aux locataires?

EUPHÉMIE.

Oui, presque toujours!

RAOUL, à part.

Bon! je m'écrirai.

EUPHÉMIE.

Maman les monte aussi quelquefois...

RAOUL, à part.

Aïe!

EUPHÉMIE.

Mais c'est rare.

RAOUL, à part.

Je respire.

EUPHÉMIE.

Pourquoi me demandez-vous cela?

RAOUL.

Pour rien... (Lui prenant la main.) Ah! la jolie petite main! quelle finesse et quelle blancheur!

Il la porte à ses lèvres.

EUPHÉMIE.

Monsieur... monsieur... Si maman vous voyait!

RAOUL.

Oh! maintenant que j'habite la maison...

EUPHÉMIE, se levant.

C'est vrai que vous n'êtes plus un étranger, mais c'est égal!...

RAOUL.

Vous êtes fâchée?

EUPHÉMIE.

Je devrais l'être... mais j'ai bon caractère. (Remontant.) Au revoir. (Redescendant.) Ah! j'allais oublier d'achever les malles de M. André. Vous permettez?

RAOUL.

Faites donc.

EUPHÉMIE, à part.

Il est très bien.

Elle entre à droite, premier plan.

RAOUL, seul.

Elle est gentille et je... Quel est ce bruit?... Madame Carindol, sans doute. (Allant à la porte.) Non, c'est mon oncle Dardenbois!

SCÈNE VIII

RAOUL, EUPHÉMIE, derrière le rideau, DARDENBOIS, BOXOON, VICTORIA.

DARDENBOIS.

Comment! mon neveu... C'est ainsi que tu changes de domicile sans me prévenir?

RAOUL.

Mais, mon oncle...

DARDENBOIS.

Embrasse-moi d'abord : tu t'excuseras après. (Ils s'embras

2.

sent.) Maintenant, permets-moi de te présenter mon ami, master Boxoon, un enfant de la libre Amérique, qui ne parle pas le français, mais qui le comprend, et miss Victoria, sa fille, une enfant de la libre Amérique, qui parle le français, mais qui ne le comprend pas... ou du moins difficilement.

RAOUL, saluant Boxoon.

Monsieur...

BOXOON, saluant.

Good morning, sir.

RAOUL, saluant Victoria.

Miss.

VICTORIA, avec un accent anglais très prononcé.

Bonjour, monsieur... comment vous allez?

RAOUL.

Pas mal, un peu de rhume.

VICTORIA.

Rhume!

Elle cherche dans son dictionnaire.

DARDENBOIS.

Master Boxoon, mon neveu, est un des plus riches planteurs du Canada.

BOXOON.

Yes.

RAOUL, à Boxoon.

Mes compliments.

DARDENBOIS.

Lorsque je suis arrivé là-bas, c'est lui qui m'a initié à la culture de la pomme de terre, du maïs, du manioc, du cotonnier, du cacaotier, du quinquina, de la vanille, de l'ipécacuanha, du jalap, du tabac, de l'acajoù, du caoutchouc, de la canne à sucre, du caféier, de l'indigotier, et enfin, du bois de campêche, avec lequel nous fabriquons, au Canada, des vins de France que nous expédions à Paris.

BOXOON.

Yes.

RAOUL, à Boxoon.

Toutes mes félicitations.

VICTORIA, à part, et cherchant toujours.

Rhume !

DARDENBOIS.

En un mot, mon neveu, c'est à master Boxoon, enfant de la libre Amérique, que ton oncle doit sa fortune.

BOXOON.

Yes.

RAOUL, serrant la main de Boxoon.

Ah ! monsieur ! croyez que je ne l'oublierai pas.

VICTORIA, tout d'un coup, à Raoul.

Merci, monsieur, je n'avais pas soif.

RAOUL, ahuri.

Hein ?

VICTORIA.

Je n'avais pas soif.

RAOUL.

Pardon, mais...

VICTORIA.

Tout à l'heure, vous m'avez dit : un peu de rhume. — Voyez !

Elle lui montre son dictionnaire.

RAOUL, lisant.

Liqueur forte, alcool de sucre... (Cherchant à deviner.) Je ne comprends pas... (Comprenant.) Ah ! j'y suis ! j'ai dit :

Rhume. (Il fait mine de se moucher.) Et miss a compris :
Rhum.

Il fait mine de boire.

VICTORIA.

Alors, je m'avais trompée ?

BOXOON.

Yes.

VICTORIA, à part, cherchant dans son dictionnaire.

Rhume !

DARDENBOIS.

Lorsque nos loisirs nous le permettent, master Boxoon
et moi, nous nous livrons aux plaisirs de la chasse ;
master Boxoon, mon neveu, est un des plus adroits ti-
reurs du Canada.

BOXOON.

Yes.

RAOUL.

Mes compliments.

DARDENBOIS.

Tantôt, nous chassons les mammifères, tels que : cas-
tors, bisons, jaguars, conguars, tapirs, chinchillas, sari-
gues, lamas et vigognes ; tantôt les oiseaux, tels que :
condors, nandous ou autruches des pampas, perroquets,
colibris et oiseaux-mouches ; et tantôt enfin les reptiles,
tels que : boas constrictors ou autres et serpents à sonnettes ou sans sonnettes.

BOXOON.

Yes.

RAOUL, à part.

Mais qu'est-ce que ça me fait, tout ça ?

VICTORIA, à Raoul.

Irritation des bronches.

RAOUL, ahuri.

Plaît-il?

VICTORIA, montrant son dictionnaire.

Voyez...

RAOUL.

Ah ! vous cherchez toujours... (A part.) Elle est tenace.
(Haut.) Oui, oui, c'est cela. Irritation des bronches.

VICTORIA, à part.

Bronches.

Elle cherche dans son dictionnaire.

DARDENBOIS.

Tu dois comprendre, mon neveu, que si master
Boxoon...

EUPHÉMIE, entr'ouvrant la porte.

Tiens ! il y a du monde.

DARDENBOIS.

Hein ?

RAOUL, troublé.

Rien...

VICTORIA, à part.

Bronches.

DARDENBOIS, reprenant.

Tu dois comprendre, mon neveu, que si master Boxoon
et moi, nous avons quitté nos travaux et nos plaisirs, et
fait le voyage du Canada à Paris, ce n'est pas pour des
prunes.

BOXOON.

Yes.

RAOUL, à part.

Enfin, je vais peut-être savoir quelque chose. (Haut.) Je
vous écoute, mon oncle. De quoi s'agit-il?

DARDENBOIS.

Il s'agit de mariage.

ANDRÉ, à part.

Aïe!

DARDENBOIS.

Boxoon, voulez-vous vous retirer un instant avec miss Victoria ?

RAOUL.

J'ignore, mon oncle, ce que vous avez à me dire, mais il me semble inutile d'éloigner monsieur et mademoiselle, puisqu'ils comprennent à peine le français.

DARDENBOIS.

Il y a les gestes.

RAOUL.

Ah ! alors... Par ici, monsieur.

Il indique la porte de gauche.

BOXOON.

Yes. (A Victoria.) Come here, Victoria.

Il entre à gauche.

VICTORIA, à part, le suivant.

Bronches.

Elle sort.

SCÈNE IX

RAOUL, DARDENBOIS, EUPHÉMIE, toujours cachée.

DARDENBOIS, s'asseyant et faisant signe à Raoul de s'asseoir.

Tu dois comprendre, mon neveu, que si master Boxoon et moi, nous avons quitté nos travaux et nos plaisirs et fait le voyage du Canada à Paris, ce n'est pas pour des prunes. (S'arrêtant.) Tiens ! je l'ai déjà dit.

RAOUL, résigné,

Je ne m'en plains pas, mon oncle.

DARDENBOIS.

J'arrive au fait: comment trouves-tu miss Victoria?

RAOUL, à part.

Méfions-nous ! (Haut.) Mon oncle, à vous parler franchement, elle m'a déplu tout de suite.

DARDENBOIS.

Tant pis!

RAOUL.

Pourquoi?

DARDENBOIS.

Parce que tu vas l'épouser.

EUPHÉMIE, à part.

On le marie ! Quel dommage!

RAOUL, se levant.

Moi ! mais, mon oncle...

DARDENBOIS, se levant.

Il n'y a pas de... mais, mon oncle.

RAOUL.

Cependant...

DARDENBOIS.

Tu l'épouseras ou je te déshérite : j'ai amené cette
jeune fille tout exprès pour la marier avec toi : je ne
peux pas lui dire maintenant que tu ne veux pas d'elle
et la renvoyer au Canada. D'abord, tu ne trouveras jamais mieux. Elle est jolie, elle est riche, et d'un sexe diffé-
rent du tien... Qu'est-ce qu'il te faut de plus ?

RAOUL.

Mais je ne l'aime pas.

DARDENBOIS.

Moi non plus, ce qui ne m'empêcherait pas de l'épouser si j'avais ton âge. Allons, c'est entendu, tu l'épouseras.

RAOUL, résolument.

Mon oncle, c'est impossible.

EUPHÉMIE, à part.

Il refuse !

DARDENBOIS.

Pourquoi ?

RAOUL, hésitant.

Parce que...

DARDENBOIS.

Voyons, parle.

RAOUL.

Parce que... (Apercevant Euphémie.) Euphémie! quelle idée! (A voix basse.) Parce que je suis marié !

DARDENBOIS.

Toi ?

RAOUL, à voix basse.

Depuis quinze jours.

DARDENBOIS.

Et tu ne m'en as pas fait part ?

RAOUL.

Si, mais ma lettre se sera croisée avec vous !

EUPHÉMIE, à part.

Je n'entends rien.

DARDENBOIS.

Et où est-elle ta...?

RAOUL, vivement.

Chut ! plus bas !

DARDENBOIS, à voix basse.

Elle est malade?

RAOUL.

Non, non...

DARDENBOIS, même jeu.

Alors, fais-la venir: je veux la voir.

RAOUL, même jeu.

Oui, je vais la chercher. Seulement n'ayez pas l'air de savoir qu'elle est ma femme.

DARDENBOIS.

Pourquoi?

RAOUL, s'oubliant.

Parce qu'elle ne l'est pas, tiens !

DARDENBOIS.

Comment ?

RAOUL, à part.

Diable, je me trahis.

DARDENBOIS, avec impatience.

Explique-toi, voyons.

RAOUL, à voix basse.

Voilà, c'est bien simple, vous allez voir comme c'est simple... Elle ne veut pas... Suivez-moi bien, mon oncle... Elle ne veut pas que l'on sache qu'elle est ma femme... à cause... à cause de...

DARDENBOIS.

A cause de quoi ?

RAOUL, machinalement.

Oui, à cause de quoi?

DARDENBOIS.

Je te le demande.

3

RAOUL, à voix basse.

Je vais vous le dire. Seulement gardez-moi le secret
Elle ne veut pas que l'on sache qu'elle est ma femme, à
cause de... de... de...

DARDENBOIS.

De...?

RAOUL, à voix basse.

De son père... (A part.) Ouf!

EUPHÉMIE, à part.

Qu'est-ce qu'ils peuvent bien dire ?

DARDENBOIS.

Je ne comprends pas.

RAOUL.

Moi, non plus... c'est-à-dire... car... si... enfin... je ne
peux pas en dire davantage à cause de...

DARDENBOIS.

De son père? Toujours !

RAOUL.

C'est ça. Je vais la chercher... Soyez discret ! (A part.)
Dieu ! que j'ai chaud !

DARDENBOIS, à l'avant-scène.

Soyez discret... à cause de son père... car... si... moi
non plus... je ne peux pas en dire davantage... Tout ça
ne me paraît pas clair.

RAOUL, prenant Euphémie par la main.

Venez, Euphémie, que je vous présente à mon oncle.

EUPHÉMIE, saluant Dardenbois.

Monsieur...

DARDENBOIS.

Rassurez-vous, madame...

EUPHÉMIE, le reprenant.

Mademoiselle...

DARDENBOIS.

C'est juste, à cause de... (Reprenant.) Mademoiselle, donc, rassurez-vous, ce n'est pas moi qui, par mon indiscrétion, ferai naître des complications. Je sais que je dois avoir l'air de savoir que je ne sais pas ce que je sais à cause de...

EUPHÉMIE, étonnée.

A cause de quoi, monsieur?

DARDENBOIS, à l'oreille d'Euphémie.

A cause de votre père.

EUPHÉMIE.

Quoi! vous savez?... Le bal de l'opéra... la tête de singe?

DARDENBOIS et RAOUL, ahuris.

La tête de singe!

EUPHÉMIE, à Dardenbois.

Ainsi, vous savez tout? Ma mère va être bien heureuse.

DARDENBOIS.

Ah! votre mère va?... (A part.) Si j'y comprends quelque chose!...

RAOUL, à part.

Je vais me trouver mal.

SCÈNE X

Les Mêmes, MADAME BASSINET.

MADAME BASSINET.

Eh bien! voyons, Phémie, quand tu voudras redescendre, tu le diras.

RAOUL, à part.

Allons, bon ! la vieille !

EUPHÉMIE, confuse.

Mais, maman...

DARDENBOIS, à Raoul.

C'est ta belle-mère ? Présente-moi.

RAOUL, à part, avec accablement.

Ah ! mon Dieu ! (Haut.) Madame Bassinet, je vous présente mon oncle, M. Dardenbois.

MADAME BASSINET.

Ah ! c'est vous qui êtes l'oncle de M. Raoul ? Mes compliments ! Moi, je suis la mère à Phémie, et je la grondais parce que depuis le temps qu'elle est ici à bavarder... j'avais peur...

DARDENBOIS.

Rassurez-vous, elle n'a rien dit... et puis, je suis discret.

MADAME BASSINET, à Raoul.

Qu'est-ce qu'il raconte ?

RAOUL, bas, à madame Bassinet.

Il a la tête un peu malade.

MADAME BASSINET.

Ah ! c'est ça. Allons, viens, Phémie, redescendons à la loge.

DARDENBOIS, à Raoul.

Comment ! à la loge ?

RAOUL, à part.

Diable !... (A Dardenbois.) Vous avez mal entendu... (A madame Bassinet.) Mais restez donc avec nous, madame Bassinet, vous ne nous gênez pas, au contraire. Tenez, voici des dessins, des albums, des...

MADAME BASSINET, surprise.

Mais...

RAOUL.

Je vous en prie.

MADAME BASSINET, s'asseyant.

Alors...

EUPHÉMIE, à part.

Est-ce qu'il m'aimerait?

Elle va s'asseoir près de sa mère.

DARDENBOIS, à part.

C'est étrange !

SCÈNE XI

LES MÊMES, BOXOON, VICTORIA.

BOXOON, à la porte de gauche.

Can you left us go in?

DARDENBOIS.

Oui, oui, certainement, entrez donc !

VICTORIA, à Raoul.

Vaisseau des poumons.

RAOUL, ahuri.

S'il vous plaît?

VICTORIA, montrant son dictionnaire.

Bronches : vaisseau des poumons.

RAOUL, comprenant.

Ah ! très bien. (A part.) Elle m'embête, avec son dictionnaire.

VICTORIA, à part.

Vaisseau.

Elle cherche dans son dictionnaire.

DARDENBOIS, à Boxoon.

Oui, mon cher, nous arrivons trop tard : il est marié.

BOXOON.

Yes.

DARDENBOIS.

C'est embêtant.

BOXOON.

Yes.

DARDENBOIS.

Mais nous trouverons autre chose.

BOXOON.

Yes.

RAOUL, qui a entendu.

Je suis sauvé.

EUPHÉMIE.

Voici monsieur André.

RAOUL, à part.

Lui ! Pourvu qu'il ne fasse pas de bêtises, mon Dieu !

SCÈNE XII

Les Mêmes, ANDRÉ.

ANDRÉ, du fond.

Ah ! que de monde ! (Saluant.) Mesdames, messieurs...

RAOUL, bas à André.

Ne parle pas trop.

ANDRÉ, même jeu.

Hein ?

RAOUL, de même.

C'est mon oncle Dardenbois. (Haut.) Mon oncle, je vous présente mon meilleur ami, M. André Dubochard, peintre de talent.

DUBOCHARD, saluant.

Monsieur... (A Boxoon.) Il est très bien !

BOXOON, qui ne l'a pas regardé.

Yes.

RAOUL, continuant la présentation.

M. Dardenbois, mon oncle ; master Boxoon et miss Victoria, ses amis, qui arrivent tous trois du Canada.

ANDRÉ, à part.

Cela se voit.

DARDENBOIS, à André.

Oui, monsieur, et vous comprenez bien que si master Boxoon et moi nous avons quitté nos travaux et nos plaisirs, et fait le voyage du Canada à Paris, ce n'est pas pour des prunes.

BOXOON.

Yes.

ANDRÉ.

Mais...

DARDENBOIS, montrant Victoria assise sur l'estrade et cherchant toujours dans son dictionnaire.

J'arrive au fait. Que dites-vous de cette jeune miss ?

ANDRÉ.

Mais je dis... je dis que je la trouve charmante.

DARDENBOIS.

Voulez-vous l'épouser ?

RAOUL, vivement.

C'est impossible, mon oncle.

DARDENBOIS, à André.

Vous êtes marié ?

ANDRÉ, étourdiment.

Non, mais je me marie demain et même, puisque vous
êtes l'oncle de mon ami Raoul, je vous prierai, sans façon,
de vouloir bien remplacer un de mes témoins qui me
manque au dernier moment.

RAOUL, à part.

Allons, bon ! il l'invite.

DARDENBOIS.

Je ne demanderais pas mieux, mais je ne puis quitter
mes amis.

ANDRÉ.

Qu'à cela ne tienne ! ils ne seront pas de trop !

RAOUL, à part.

Ce sera complet.

DARDENBOIS.

Alors, monsieur, je n'ai plus de raison pour refuser
l'honneur que vous voulez bien me faire.

ANDRÉ.

L'honneur est pour moi. Le mariage civil aura lieu demain matin, à onze heures précises, chez M. Carindol, rue
Saint-Denis, numéro 23, à l'entresol.

DARDENBOIS, écrivant.

Onze heures... Saint-Denis... entresol.

ANDRÉ.

Et le mariage religieux, à l'église Saint-Leu.

DARDENBOIS.

Comptez sur moi.

RAOUL, bas, à André.

Imbécile, idiot, crétin !

DARDENBOIS, à Boxoon.

Nous arrivons trop tard : il se marie demain.

BOXOON.

Yes.

DARDENBOIS.

C'est embêtant.

BOXOON.

Yes.

DARDENBOIS.

Mais nous trouverons autre chose.

BOXOON.

Yes.

DARDENBOIS, à Raoul.

Allons, à demain, Raoul. (Bas.) Dis donc, tu amèneras
ta petite femme.

RAOUL

Oui, oui, je... Comment donc ! (A part.) Ça m'en fera
deux, petites femmes, avec Pigeonnette.

DARDENBOIS, à Euphémie.

N'est-ce pas, vous viendrez ?

EUPHÉMIE, ahurie.

Où ça ?

DARDENBOIS, sans l'entendre.

Et vous aussi, madame Bassinet !

MADAME BASSINET, ahurie.

Mais...

DARDENBOIS.

Soyez tranquille ! On n'en soufflera pas mot.

MADAME BASSINET.

De quoi ?

DARDENBOIS, à mi-voix.

De la tête de singe.

MADAME BASSINET, surprise.

Quoi ! Vous savez ?

DARDENBOIS.

Je sais tout. Allons ! à demain, Raoul, tu nous trouveras à l'hôtel de Londres... Venez, Boxoon.

Il va vers le fond.

BOXOON, le suivant.

Victoria !

VICTORIA, se levant et saluant.

Bonjour. (A elle-même en sortant.) Vaisseau !

Dardenbois, Boxoon et Victoria sortent.

MADAME BASSINET, à part.

Il sait tout !

ANDRÉ, à part.

Pourquoi m'a-t-il appelé idiot ?

SCÈNE XIII

RAOUL, MADAME BASSINET, EUPHÉMIE, ANDRÉ.

RAOUL, à madame Bassinet qui se lève ainsi que sa fille.

Restez, mesdames, André a quelque chose à vous dire.

ANDRÉ.

Moi ?

RAOUL, bas, à André.

Invite-les !

ANDRÉ, même jeu.

Où ça ?

RAOUL, même jeu.

A la noce.

ANDRÉ, même jeu.

A la noce ?

RAOUL, même jeu.

Invite-les, invite-les ! Tu me sauves.

EUPHÉMIE, à part.

Qu'est-ce qu'ils ont donc ?

ANDRÉ, à part.

Si j'y comprends quelque chose ! (Haut.) Madame Bassinet, mademoiselle Euphémie, j'espère que vous voudrez bien me faire l'honneur d'assister demain à mon mariage ?

MADAME BASSINET.

Certainement, nous irons à la messe.

RAOUL, bas, à André.

Et au déjeuner.

ANDRÉ, à madame Bassinet.

Et au déjeuner.

EUPHÉMIE.

Et au déjeuner aussi ?... Quel bonheur !

ANDRÉ, bas, à Raoul.

Est-ce tout ?

RAOUL, même jeu.

Oui.

MADAME BASSINET.

Monsieur André, votre aimable invitation me touche d'autant plus que je ne m'y attendais pas.

ANDRÉ, s'oubliant.

Moi non plus... (Se reprenant.) C'est-à-dire... non... si... enfin, je m'y attendais sans m'y attendre, parce que...

RAOUL, à madame Bassinet.

Vous acceptez, n'est-ce pas ?

EUPHÉMIE, vivement.

Je crois bien !

MADAME BASSINET, tendant la main à André.

Je n'ai jamais rien refusé à un ami.

ANDRÉ, lui serrant la main.

Vous me comblez, madame, vous me comblez.

EUPHÉMIE, à part, regardant Raoul.

C'est lui qui m'a fait inviter... Il m'aime !

MADAME BASSINET, remonte en sautillant.

Allons, viens, Phémie, faut que je repasse mes jupons et que je remette une baleine à mon corset. (Revenant vers André.) Pardon, j'oubliais : j'ai une lettre pour vous. (Elle lui donne une lettre.) Viens, Phémie, viens.

EUPHÉMIE.

Oui, maman.

Elle sort en courant avec madame Bassinet.

SCÈNE XIV

RAOUL, ANDRÉ.

ANDRÉ.

Ah ça !... m'expliqueras-tu ?...

RAOUL.

Pourquoi je t'ai prié d'inviter la mère Bassinet et sa fille ? Tout simplement, parce que j'ai dit à mon oncle

Dardenbois qui voulait me faire épouser miss Victoria, que j'étais le mari d'Euphémie,et comme mon oncle va à ta noce, je ne puis y aller sans ma femme. Ah! nous sommes dans de beaux draps!

ANDRÉ.

Bah ! nous tâcherons de nous en tirer. (Après avoir lu la lettre.) Dieu ! mon oncle Dubochard est à Paris ! Mon mariage est flambé.

RAOUL, affolé.

C'est le bouquet !

ANDRÉ, éperdu.

Ah ! je m'en vais, je m'en vais... je... (Voix de Dubochard.) Trop tard ! le voici.

SCÈNE XV

LES MÊMES, DUBOCHARD, chargé de paquets.

DUBOCHARD, sur le seuil.

Eh bien, André, tu ne viens pas m'embrasser ?

ANDRÉ, l'embrassant.

Mais si, mon oncle, mais si... Comment donc ! (Présentant Raoul.) Mon ami Raoul...

Dubochard salue.

RAOUL, à part, en saluant.

Je n'ai jamais été tant présenté qu'aujourd'hui, moi.

DUBOCHARD, à André.

Ah çà ! ma visite n'a pas l'air de te faire plaisir.

ANDRÉ, protestant.

Ah ! mon oncle...

DUBOCHARD.

Tu as l'air tout chose.

ANDRÉ, aburi.

C'est un air qui court.

DUBOCHARD.

Hein?

ANDRÉ, vivement.

Rien, je ne dis rien.

DUBOCHARD.

C'est justement ce que je te reproche.

ANDRÉ.

C'est que... la joie... m'empêche de parler...

RAOUL.

Oui. André me le disait encore ce matin : Si mon oncle venait aujourd'hui, la joie m'empêcherait de parler.

DUBOCHARD, ému.

Brave garçon! Tu pensais à moi !

ANDRÉ.

Je ne fais que ça.

RAOUL.

Il ne fait que ça.

DUBOCHARD.

Je ne devais venir qu'à l'automne.

ANDRÉ, s'oubliant.

Vous auriez bien fait.

RAOUL, de même.

Ah! oui.

DUBOCHARD, étonné.

Pourquoi donc ?

ANDRÉ, troublé.

Parce qu'il... fait moins chaud.

RAOUL, de même.

Et qu'il fait plus frais.

DUBOCHARD.

C'est vrai, il fait moins... et il fait plus... mais il fallait
absolument que je vinsse : je veux vendre ma propriété,
et...

ANDRÉ.

Vous voulez quitter Monmouron?

DUBOCHARD.

Oh! non, j'y suis né et j'y mourrai.

ANDRÉ.

Vous ferez bien.

DUBOCHARD.

De mourir?

ANDRÉ, s'oubliant.

Oui... (Se reprenant.) Non, de ne pas quittter Mon...

RAOUL, achevant.

... mouron.

DUBOCHARD.

Ah! très bien... C'est ma maison que je veux quitter.
Elle est humide, triste, et puis le jardin ne rapporte rien ;
le terrain est mauvais. En deux ans, j'ai récolté cinq
pommes et quatre poires, et tout le reste à l'avenant. J'ai
une propriété en vue dans le pays, qui ferait beaucoup
mieux mon affaire, et si je puis arriver à me débarrasser
de la mienne...

ANDRÉ, vivement.

Ah! c'est un bien mauvais moment.

DUBOCHARD.

Ah?

RAOUL.

Les affaires vont si mal!

DUBOCHARD.

Justement! c'est le moment de s'en retirer. Je n'ai pas trouvé d'acheteur à Monmouron: tout le monde sait que la maison ne tient pas debout, personne n'en veut; alors je me suis décidé à venir à Paris, dans l'espoir d'y dénicher un acquéreur.

ANDRÉ.

Vous aurez bien de la peine.

RAOUL.

Il vous faudra beaucoup de temps.

DUBOCHARD.

Diable! C'est que je voudrais repartir demain soir ; le conseil municipal se réunit après-demain...

ANDRÉ, vivement.

Et comme vous en faites partie...

RAOUL, même jeu.

La patrie avant tout!

ANDRÉ.

Allons, mon oncle, je vois qu'il faut que je me résigne à vous laisser partir : je vous reconduirai ce soir à la gare.

DUBOCHARD.

Ce soir?... Mais on dirait que tu me chasses.

RAOUL, à part.

Il y a de ça.

ANDRÉ.

Moi? mais s'il ne dépendait que de moi, mon oncle, vous finiriez vos jours ici, dans mes bras.

RAOUL, à part.

Tout de suite.

DUBOCHARD.

A la bonne heure, je partirai demain.

ANDRÉ, vivement.

C'est ça, demain matin.

DUBOCHARD.

Non, pas demain matin, demain soir.

ANDRÉ, feignant la joie.

Demain soir? Quel bonheur! (Bas, à Raoul.) Tâche de l'éloigner.

RAOUL, même jeu.

Je m'en charge... (Entendant du bruit.) Qu'est-ce que c'est que ça?

ANDRÉ, qui est allé voir à la porte.

Bon! Les Carindol! (A part.) Nous sommes fichus!

DUBOCHARD.

Qu'est-ce que c'est que ça, les Carindol?

RAOUL.

Des amis qui viennent voir ses tableaux.

DUBOCHARD.

Ah! oui... au fait... Ça marche, la peinture?...

ANDRÉ, toujours à la porte.

Oui... oui... ça boulotte.

RAOUL.

Il vient d'avoir une médaille au salon... des arts in-cohérents.

DUBOCHARD.

Alors, il a de la réputation?

RAOUL.

Oh! de la réputation!... Attendez qu'il soit mort.

SCÈNE XVI

Les Mêmes, CARINDOL, MADAME CARINDOL, JULIETTE.

CARINDOL.

Eh bien, je les ai retrouvées ; elles étaient aux bains.

MADAME CARINDOL, avec un ton de reproche.

Mon ami...

JULIETTE, même jeu.

Ah ! papa !

Elle cause avec son père qui retourne un ou deux tableaux.

MADAME CARINDOL, embrassant André.

Ah ! mon ami, mon ami'... (Pleurant.) C'est bien dou-
loureux pour une mère... Songer qu'on n'a qu'une enfant... et que...

Elle sanglote.

RAOUL, à part.

Je la mangerais !

DUBOCHARD, à André.

Pourquoi t'embrasse-t-elle ?

ANDRÉ.

C'est un tic.

CARINDOL, montrant Dubochard à André.

C'est le second témoin, ce monsieur ?

ANDRÉ.

Non, c'est mon... oui... oui, c'est le second témoin. (A
part.) J'en mourrai.

CARINDOL, à Dubochard.

Eh bien ! ça va mieux, cet asthme ?

DUBOCHARD, ahuri.

Hein?

CARINDOL, vivement.

Faut soigner ça ; j'ai un de mes amis qui en est mort.
Dites donc, n'oubliez pas : Demain, chez moi, rue Saint-
Denis, 23, à onze heures très précises.

RAOUL, à part.

V'lan! ça y est!

DUBOCHARD, surpris.

Pourquoi faire?

CARINDOL.

Comment! pourquoi faire?... Eh bien, pour le mariage,
donc!

DUBOCHARD, ahuri.

Le mariage!

CARINDOL.

L'adjoint est un de mes amis ; il a obtenu toutes les dis-
penses nécessaires, et le mariage civil aura lieu chez moi :
c'est plus commode qu'à la mairie.

DUBOCHARD.

Pardon, mais quel mariage?

CARINDOL.

Quel mariage?... mais le mariage de ma fille, parbleu,
de ma Juliette!... Comment! vous êtes témoin et vous me
demandez!...

DUBOCHARD.

Ah! je suis témoin du mariage de votre fille?

CARINDOL.

Dame!

Il va rejoindre sa femme et sa fille.

DUBOCHARD, à Raoul.

Mais avec qui donc se marie-t-elle, sa fille?

ANDRÉ, vivement et à voix basse.

Avec... avec... Raoul, mon ami.

RAOUL, à part.

Hein?... Encore!... Ça me fait trois femmes!

DUBOCHARD, à Raoul.

Ah! c'est vous, monsieur, qui?... alors j'accepte.

RAOUL, à part.

Il accepte!

DUBOCHARD, à André.

Mais alors, pourquoi donc sa belle-mère t'a-t-elle embrassé et non pas lui?

ANDRÉ.

Je vous l'ai dit: c'est un tic. (Bas, à Raoul.) Embrasse ma belle-mère.

RAOUL.

Hein!

ANDRÉ.

Embrasse-la: tu me sauves.

RAOUL, embrassant madame Carindol.

Permettez, madame...

MADAME CARINDOL.

Hein? (A André.) Pourquoi donc votre ami m'embrasse-t-il?

ANDRÉ.

C'est un tic.

CARINDOL, à Juliette.

Eh bien, fillette, comment trouves-tu les tableaux d'André?

JULIETTE.

Délicieux! M. André est un grand artiste et je suis bien heureuse.

DUBOCHARD, à Raoul.

Pourquoi est-elle heureuse?

RAOUL.

Elle aime beaucoup la peinture.

CARINDOL.

Eh bien, maintenant que tu as vu ce que tu voulais voir, ma chère Juliette, nous allons rentrer, car la veille de son mariage une jeune fille doit se coucher de bonne heure. (A Dubochard.) Allons, monsieur, je compte sur vous : Demain, onze heures, 23, rue Saint-Denis.

DUBOCHARD.

J'y serai, monsieur.

MADAME CARINDOL, à André, pleurant.

Ah! mon ami, mon ami !

Elle l'embrasse.

DUBOCHARD.

Encore!

RAOUL, vivement.

C'est un tic, c'est un tic.

CARINDOL.

Messieurs, je vous salue.

JULIETTE, gaiement.

A demain !

MADAME CARINDOL, pleurant.

A demain !

TOUS.

A demain !

Carindol, madame Carindol et Juliette sortent.

SCÈNE XVII

RAOUL, ANDRÉ, DUBOCHARD.

DUBOCHARD, à Raoul.

Ah! comme ça, jeune homme, vous vous mariez demain?

RAOUL, anéanti.

Il paraît.

ANDRÉ, vivement.

Ça lui a pris tout d'un coup.

RAOUL.

Oh! oui, je n'y pensais pas.

DUBOCHARD.

Eh bien, moi, je l'ai été trois fois, marié! Ma première femme m'a rendu heureux, mais elle m'a trompé! La seconde ne m'a pas trompé, mais elle m'a rendu malheureux; enfin la troisième m'a trompé comme la première et rendu malheureux comme la seconde; je ne vous dis pas ça pour vous dégoûter du mariage, mais si vous étiez mon neveu, je vous empêcherais bien de faire une pareille folie, ou, palsambleu! je vous déshériterais!

ANDRÉ, avec un ton de reproche.

Mon oncle!

DUBOCHARD.

C'est vrai, je ne suis pas votre neveu... c'est-à-dire je ne suis pas votre oncle, et cela ne me regarde pas. Aussi est-ce avec le plus grand plaisir que je vous servirai de témoin.

RAOUL, vivement.

Monsieur, si cela vous gêne?

ANDRÉ, même jeu.

Il faut le dire, mon oncle, il faut le dire.

DUBOCHARD.

Non, pas le moins du monde.

RAOUL, insistant.

Si, je suis sûr que cela vous gêne.

ANDRÉ, même jeu.

Mon ami trouvera un autre témoin.

RAOUL, même jeu.

Ce serait abuser de votre complaisance.

DUBOCHARD.

Mais non, mais non.

ANDRÉ, insistant.

Mon oncle, si cela vous est impossible, dites-le; Raoul comprendra très bien que...

RAOUL, même jeu.

Oh! parfaitement, parfaitement.

DUBOCHARD, à Raoul.

Non, non, non, je vous répète encore une fois que c'est avec le plus grand plaisir que je vous rendrai le petit service que vous me demandez.

ANDRÉ.

Mais...

RAOUL.

Si...

DUBOCHARD, poursuivi par André et Raoul, qui cherchent encore à le dissuader et parlent en même temps que lui jusqu'à sa sortie.

Je vais à mes affaires et je reviendrai vous prendre

tous les deux à l'heure du diner... Nous enterrerons votre
vie de garçon ensemble. Au revoir, au revoir!... (Avec
force.) Au revoir!

Il sort vivement.

RAOUL et ANDRÉ, ensemble.

Que va-t-il se passer? mon Dieu!

Rideau.

ACTE DEUXIÈME

A PARIS, CHEZ LES CARINDOL.

Un riche salon bourgeois. — Porte au fond, quatre portes latérales.
— Entre les deux portes de droite, une fenêtre ; entre les deux portes de gauche, une cheminée avec plaque mobile en tôle. — A côté
de la cheminée, un cordon de sonnette. — Au fond, à droite, un
piano. A l'avant-scène à droite, une table recouverte d'un tapis. —
A gauche, un canapé. — Meubles divers.

SCÈNE PREMIÈRE

FRANÇOISE, CARINDOL, puis MADAME CARINDOL.

CARINDOL, en habit noir, entre par la porte de droite,
premier plan.

Françoise, attachez-moi donc ma cravate, je ne peux
pas en venir à bout.

FRANÇOISE.

Voilà, monsieur.

Elle lui attache sa cravate.

CARINDOL.

Ah ! vous me chatouillez.

4

FRANÇOISE.

C'est sans intention, monsieur.

MADAME CARINDOL, vêtue d'un peignoir, entre de droite,
premier plan.

Ah! Gabriel! Gabriel!

Elle tombe dans les bras de son mari.

FRANÇOISE, à part.

Quelle Wallace!

CARINDOL, à sa femme.

Qu'est-ce que tu as, ma bonne?

MADAME CARINDOL, sanglotant.

C'est aujourd'hui.

CARINDOL, ému.

Oui, c'est aujourd'hui.

MADAME CARINDOL, sanglotant plus fort.

Ma pauvre fille!

CARINDOL, même jeu.

Notre pauvre fille!

FRANÇOISE, à part.

Ils me font suer.

MADAME CARINDOL, changeant de ton.

Ton pantalon ne te gêne pas?

CARINDOL.

Un peu, mais ça se prêtera.

MADAME CARINDOL.

La rendra-t-il heureuse?

CARINDOL.

Espérons-le.

MADAME CARINDOL, pleurant de nouveau.

Ah! maintenant, mes larmes couleront jusqu'à ma
mort

CARINDOL, à part.

Ça sera gai pour moi.

FRANÇOISE.

Voyons, madame, il n'y a pas de bon sens de vous mettre dans des états pareils parce que votre fille se marie; vous vous êtes mariée aussi, vous, et vous n'en êtes pas morte.

CARINDOL.

C'est vrai, tu n'en es pas morte.

MADAME CARINDOL.

J'ai eu tant de courage! (Changeant de ton.) Ne te baisse pas trop, s'il te gêne.

CARINDOL, ahuri.

Quoi? Ah! mon pantalon! Sois tranquille, je ne saluerai que de la tête. Allons, essuie tes yeux et va finir de t'habiller.

MADAME CARINDOL, s'essuyant les yeux.

Non, il faut que je lui parle avant, que je lui donne mes derniers conseils.

CARINDOL.

C'est juste, il faut que nous lui donnions nos derniers conseils. (A Françoise.) Priez mademoiselle de venir ici tout de suite.

FRANÇOISE.

Bien, monsieur.

Elle sort par le premier plan à droite.

MADAME CARINDOL.

Tu as préparé quelque chose?

CARINDOL.

Non, mais j'ai acheté à Juliette un petit livre qui lui profitera plus, m'a affirmé le libraire, que tout ce que je pourrais lui dire. (Tirant un livre de sa poche et le donnant à sa femme.) Tiens!

MADAME CARINDOL, lisant.

La physiologie du mariage. C'est très bien, mon ami, mais elle n'aura pas le temps de le lire avant...

CARINDOL.

Avant quoi?

MADAME CARINDOL.

Avant ce soir.

CARINDOL.

Tu as raison. Eh bien, je vais lui en lire un chapitre.

MADAME CARINDOL.

Non, dis-lui seulement quelques mots, cela vaudra mieux. Chut ! la voici.

SCÈNE II

LES MÊMES, JULIETTE, en toilette de mariée, mais sans voile.

MADAME CARINDOL, à part.

Voilà la victime!

CARINDOL.

Juliette, mon enfant, viens embrasser ton père et ta mère.

Juliette les embrasse.

MADAME CARINDOL, s'asseyant sur le canapé.

Maintenant, ma fille, écoute-moi bien.

JULIETTE, s'asseyant près de sa mère.

Oui, maman.

CARINDOL.

Ecoute bien ta mère.

JULIETTE.

Oui, papa.

MADAME CARINDOL.

Tu vas te marier.

JULIETTE, gaiement.

Oui, maman.

MADAME CARINDOL,

Tu ne sais pas ce que c'est qu'un mari ?

JULIETTE, baissant les yeux.

Je m'en doute.

CARINDOL.

Elle s'en doute ! alors ça va tout seul.

MADAME CARINDOL, à son mari.

Elle ne s'en doute pas. (A sa fille.) Tu ne t'en doutes
pas.

JULIETTE, étonnée.

Ah ! je croyais...

MADAME CARINDOL.

Mais le jour est arrivé, et, bientôt, tu vas savoir ce que
c'est. — Un mari, mon enfant, n'est pas une mère.

CARINDOL.

Ni un père.

JULIETTE.

Oh ! non.

MADAME CARINDOL.

C'est... c'est un mari, et un mari... c'est un maître auquel il faut obéir aveuglément.

JULIETTE.

J'obéirai.

MADAME CARINDOL, avec un embarras croissant.

André te demandera peut-être... (Changeant de ton.) En allant à l'autel, tu baisseras les yeux. (Reprenant.) André te demandera peut-être... (Changeant de ton.) En revenant, tu salueras tout le monde en souriant. (Reprenant.) André te... (Changeant de ton et souriant.) Comme ça. (Reprenant.) André te demandera peut-être... des choses... qui te paraîtront... tout d'abord.

CARINDOL, vivement.

Mais après...

JULIETTE, avec effroi.

Oh! mon Dieu!

MADAME CARINDOL.

C'est son droit, il est le maître. Ferme les yeux et obéis! Si tu ne le fais pas pour lui, fais-le pour ta mère.

JULIETTE.

Oui, maman.

MADAME CARINDOL, s'attendrissant.

Aime-le le plus que tu pourras, ne le laisse pas trop fumer, et prends bien soin de son linge et de ses enfants.

JULIETTE, vivement.

M. André a donc des enfants ?

MADAME CARINDOL, l'embrassant.

Non, mais si tu le soignes bien... Allons, écoute ton père maintenant.

CARINDOL, prenant une pause

Juliette, je ne suis pas orateur, mais je suis père, et un père trouve toujours dans son cœur de père des accents paternels. (Changeant de ton.) Décidément il me serre trop.

MADAME CARINDOL.

Lâche la boucle.

CARINDOL.

C'est ce que je vais faire. (A Juliette.) Tiens, aide-moi. (Juliette défait la boucle.) Ah ! merci. (Reprenant.) Juliette, quand j'ai épousé ta mère...

MADAME CARINDOL.

Il pleuvait.

CARINDOL.

Il pleuvait... il... (Changeant de ton.) Qu'est-ce que tu me fais donc dire ?

MADAME CARINDOL.

Reprends, reprends.

CARINDOL.

Je reprends. Quand j'ai épousé ta mère, je ne savais rien : c'est elle qui m'a tout appris.

MADAME CARINDOL, sautant.

Hein ?

CARINDOL, se reprenant.

Non, c'est le contraire ; c'est ta mère qui ne savait rien, et c'est moi qui lui ai tout appris. Ses progrès ont été rapides : aujourd'hui elle sait, et elle est heureuse. Fais comme ta mère, ma fille, apprends vite tout ce que ton mari t'enseignera, et tu seras heureuse. Si tu ne l'es pas, tu viendras nous le dire. (A part.) Ouf !

JULIETTE, l'embrassant.

Oui, papa.

CARINDOL et MADAME CARINDOL, sanglotant et embrassant de nouveau leur fille.

Tu viendras nous le dire.

SCÈNE III

Les Mêmes, ANDRÉ.

ANDRÉ, entrant au moment où les Carindol embrassent
leur fille.

Je réclame ma part.

MADAME CARINDOL, à part.

Voici le bourreau !

ANDRÉ, à Juliette.

Oserai-je vous dire, mademoiselle, que je vous trouve
en ce moment plus jolie que jamais et surtout que je vous
aime plus que jamais?

JULIETTE, tend sa main à André qui la baise
longuement.

Osez, monsieur.

MADAME CARINDOL, à André.

Vous allez salir ses gants !

CARINDOL.

Madame Carindol, les baisers ne salissent pas quand
ils sont purs.

ANDRÉ, sans les entendre, et admirant toujours
Juliette.

Votre toilette est divine: dans ce blanc, vous avez l'air
d'un bouton de rose éclos dans la neige.

Il lui parle bas.

MADAME CARINDOL, enthousiasmée.

Ah! délicieux! (A son mari.) Tu n'aurais jamais su me
dire ça, toi !

CARINDOL.

Parce que tu n'as jamais eu l'air d'un bouton de rose
éclos dans la neige.

MADAME CARINDOL.

Dis tout de suite que je n'étais pas fraîche !

CARINDOL.

Je ne dis pas ça, mais, enfin, tu n'étais pas épatante.

MADAME CARINDOL, sanglotant.

Ah ! il m'insulte le jour du mariage de ma fille !

CARINDOL, ahuri.

Moi, je...?

ANDRÉ et JULIETTE.

Qu'y a-t-il ?

MADAME CARINDOL, pleurant toujours.

Il y a, mon enfant, que ton père me dit que le jour de
notre mariage, je n'étais pas fraîche.

ANDRÉ, avec un ton de reproche.

Ah ! beau-père, beau-père !...

CARINDOL, s'emportant.

Mais je n'ai pas dit ça ! Voyons, si tu n'avais pas été
fraîche, est-ce que j'aurais voulu de toi ? J'ai voulu dire
que tu n'avais pas une de ces beautés extraordinaires
comme... comme Agnès Sorel... par exemple.

MADAME CARINDOL, à part.

Agnès Sorel !

JULIETTE.

Allons, maman, c'est fini, n'est-ce pas ? Eh bien ! va
vite achever ta toilette.

ANDRÉ.

Et dépêchez-vous, car l'heure approche.

MADAME CARINDOL.

J'y vais.

CARINDOL.

Tu n'as pas besoin de moi, ma bonne ?

MADAME CARINDOL.

Non. (Se reprenant.) Ah! si, pour m'aider à mettre mes bottines.

CADINDOL.

Tes bottines ?

MADAME CARINDOL.

Tu sais bien que je ne peux pas les mettre toute seule, que ça m'étourdit quand je me baisse.

CARINDOL, à part.

C'est juste.

MADAME CARINDOL, à sa fille.

Viens mettre ton voile, Juliette.

JULIETTE.

Oh ! maman, laisse-moi un peu avec M. André.

ANDRÉ, insistant.

Nous avons tant de choses à nous dire !

MADAME CARINDOL.

Soit, mais fais attention de ne pas chiffonner ta robe. Je t'appellerai tout à l'heure. (A André.) Rendez-la heureuse !

ANDRÉ.

Tourmentez pas !

MADAME CARINDOL, à son mari.

Viens-tu, toi?

CARINDOL, vivement.

Voilà, voilà.

MADAME CARINDOL, à part, en sortant.

Agnès Sorel ! Ah ! c'est trop fort!

Elle sort par le premier plan à droite.

ANDRÉ, à Carindol qui suit sa femme.

A propos, monsieur Carindol, j'ai oublié de vous dire : mon oncle Dubochard est arrivé.

CARINDOL, à la porte.

Celui qui s'est marié trois fois et qui a subi une condamnation pour délit politique? Je croyais qu'il ne devait pas venir ?

ANDRÉ.

Eh bien ! il est venu... Vous savez bien, hier, ce monsieur qui?...

MADAME CARINDOL, dans la coulisse.

Gabriel !

CARINDOL.

Bien, bien, vous me le présenterez tantôt.

Il sort par le premier plan à droite.

SCÈNE IV

JULIETTE, ANDRÉ.

JULIETTE.

Enfin nous voilà seuls. Monsieur André, j'ai quelque chose à vous dire.

ANDRÉ, très empressé.

Je vous écoute avec mes oreilles et mon cœur.

JULIETTE, tout d'un coup.

Qu'est-ce que vous me demanderez quand nous serons mariés?

ANDRÉ, après un temps.

S'il vous plaît?

JULIETTE, accentuant.

Qu'est-ce que vous me demanderez lorsque nous serons mariés?

ANDRÉ.

Mais...

JULIETTE.

Ah! je veux le savoir : maman m'a dit tout à l'heure qu'un mari était un maître auquel il fallait obéir ; or, je veux que vous me disiez tout de suite ce que vous avez l'intention de m'ordonner.

ANDRÉ, effrayé.

Tout de suite?

JULIETTE.

Dites-le moi franchement, et si je prévois que cela sera au-dessus de mes forces, eh bien ! je vous dirai avec la même franchise que je ne puis être votre femme.

ANDRÉ.

Juliette !

JULIETTE.

Lorsqu'un homme épouse une jeune fille, il croit qu'elle sait tout ce qu'une femme doit savoir, parce qu'elle a passé cinq ou six années au couvent : eh bien, c'est une erreur : on nous enseigne tout au couvent, tout, excepté les choses dont je vous parlais tout à l'heure, et le jour où nous en sortons, nous sommes aussi ignorantes sur la question du mariage que le jour où nous y sommes entrées, et c'est ridicule... car, enfin, c'est à cause de cette ignorance...

ANDRÉ.

C'est à cause de cette ignorance que l'on vous aime. Elle est un charme de plus ajouté à tous les autres.

Il lui baise la main.

SCÈNE V

Les Mêmes, RAOUL, puis CARINDOL.

RAOUL, au fond.

On peut entrer ?

ANDRÉ.

Mais oui, mais oui, entre donc.

JULIETTE, saluant Raoul qui la salue.

Monsieur...

RAOUL.

Mademoiselle, je veux être le premier à vous présenter
mes compliments et mes vœux.

JULIETTE.

Oh! monsieur...

CARINDOL, entrant.

Juliette, ta mère t'attend. (A Raoul.) Bonjour, cher monsieur.

JULIETTE.

Je vous laisse. (Saluant.) Messieurs...

Elle sort à droite, premier plan.

SCÈNE VI

Les Mêmes, moins JULIETTE.

CARINDOL, s'essuyant le front.

Ah ! sapristi, que j'ai chaud !

RAOUL.

Vous avez donc couru?

CARINDOL.

Non, mais je viens de chausser ma femme, et ce n'est pas une petite affaire.

RAOUL, étonné.

Ah ! c'est vous qui?...

ANDRÉ.

Mon beau-père est le modèle des maris.

CARINDOL, vivement.

Oh ! je ne chausse madame Carindol que dans les grandes occasions.

RAOUL, riant.

Les jours de fête.

CARINDOL.

Oui, les jours de... (Changeant de ton.) Mais je ne vois pas votre petite femme?

ANDRÉ, à part.

Aïe !

RAOUL, s'oubliant.

Laquelle ?

CARINDOL, étonné.

Comment !.. laquelle ?

RAOUL, se reprenant.

Ah ! pardon. (A part.) Ça commence. (Haut.) Vous voulez parler de Pigeonnette? Elle va venir : elle n'était pas tout à fait prête ; alors je suis parti devant, mais elle me suit. Surtout, ne lui dites pas que vous savez qu'elle est ma femme : elle vous dirait que ce n'est pas vrai.

CARINDOL.

C'est entendu, (A Raoul.) Savez-vous qu'elle est très jolie ! Vous ne devez pas vous ennuyer avec elle.

RAOUL.

Je n'ai pas encore eu le temps.

CARINDOL.

Mais expliquez-moi donc comment ce mariage secret?..

ANDRÉ, vivement.

Oh! ce serait trop long à vous raconter.

RAOUL, même jeu.

Oui, c'est très embrouillé ; je vous conterai cela une
autre fois.

MADAME CARINDOL, dans la coulisse.

Gabriel!

ANDRÉ.

Du reste, votre femme vous appelle.

CARINDOL, criant.

Voilà. (A Raoul.) Vous me conterez cela après déjeuner,
au dessert... au dessert.

Il sort.

SCÈNE VII

ANDRÉ, RAOUL.

ANDRÉ.

Eh bien ? où en somme-nous ? As-tu trouvé quelque
chose?

RAOUL.

Oui, mais il s'agit d'abord de ne pas nous embrouiller
et de récapituler.

ANDRÉ.

Récapitulons.

RAOUL.

Je récapitule : Premièrement, M. Carindol, ton beau-père, me croit le mari de Pigeonnette ; deuxièmement, mon oncle Dardenbois me croit le mari d'Euphémie Bassinet ; et enfin, troisièmement, ton oncle Dubochard croit que c'est moi qui me marie aujourd'hui avec mademoiselle Juliette Carindol... En un mot, je suis célibataire et j'ai trois femmes... Est-ce clair?

ANDRÉ.

C'est très clair, mais tu as déjà une femme de moins, car j'ai annoncé ce matin par dépêche à Pigeonnette que mon mariage était remis à huitaine.

RAOUL.

Sapristi! moi qui viens de dire à M. Carindol qu'elle allait venir !

ANDRÉ.

Bah! nous arrangerons cela. Pour le moment, occupons-nous de mon oncle Dubochard. As-tu trouvé le moyen qu'il ne s'aperçoive pas que c'est moi qui me marie aujourd'hui et non pas toi?

RAOUL.

Je l'ai trouvé : ton oncle ne s'apercevra de rien, car il ne viendra pas.

ANDRÉ.

Comment! Mais quand je l'ai quitté tout à l'heure, il s'habillait pour venir.

RAOUL.

Parfaitement, mais il ne viendra pas.

ANDRÉ.

Sapristi! moi qui ai annoncé son arrivée à M. Carindol!

RAOUL.

Une indisposition subite peut l'avoir retenu.

ANDRÉ.

C'est juste, mais explique-moi...

RAOUL.

Voyons, réfléchis ; qu'est-ce que tu faisais ce matin quand je suis arrivé chez toi ?

ANDRÉ, cherchant.

Je... je prenais une tasse de thé avec mon oncle... et je t'en ai offert une.

RAOUL.

Eh bien, dans cette tasse que tu m'as offerte, j'ai vidé la moitié de la fiole que voici. (Il montre une petite fiole.) Et sans qu'il s'en aperçoive, je l'ai changée avec celle de ton oncle.

ANDRÉ, ahuri.

La fiole de mon oncle !

RAOUL, avec impatience.

Mais non... sa tasse !

ANDRÉ, avec effroi.

Grand Dieu ! tu l'as empoisonné !

RAOUL.

Ah ! non, non, je n'ai pas été jusque-là. Il y avait là-dedans, non pas du poison, mais un soporifique puissant, que m'a donné hier soir un pharmacien de mes amis. Tu peux être tranquille : ton oncle dort et ne se réveillera pas avant ce soir, et, ce soir, il sera trop tard ; il n'y aura plus qu'à le reconduire à la gare, et je m'en charge.

ANDRÉ, lui serrant les mains.

Ah ! mon ami, tu me sauves.

RAOUL.

J'aurais voulu pouvoir endormir aussi mon oncle Dardenbois, master Boxoon et miss Victoria, mais cela m'aurait demandé trop de temps; je suis donc rentré chez moi, je me suis habillé à la hâte et me voilà. Tu vois que je n'ai pas perdu ma matinée.

ANDRÉ.

En effet.

RAOUL.

L'important était de se débarrasser de ton oncle; quant aux autres, avec un peu d'adresse, nous nous en tirerons toujours.

SCÈNE VIII

LES MÊMES, PIGEONNETTE.

PIGEONNETTE, en grande toilette.

Bonjour, les amours!

ANDRÉ, à Raoul.

Pigeonnette! Elle n'a pas reçu ma dépêche.

RAOUL.

Tu n'avais donc pas mis dessus.. : « Pressé » ?

ANDRÉ.

Non.

RAOUL.

Ah ! alors...

PIGEONNETTE.

Je ne suis pas en retard ?

RAOUL.

Oh! non, au contraire.

ANDRÉ, à part.

Si je pouvais l'étrangler !

PIGEONNETTE.

Tant mieux ! car je ne veux pas en perdre une bouchée !

ANDRÉ.

Mais on ne déjeune pas encore.

PIGEONNETTE.

Je ne parle pas du repas, je parle de [la cérémonie. (A Raoul.) Figurez-vous que je n'ai jamais assisté à aucun mariage.

RAOUL.

Oh ! ce n'est pas bien drôle.

PIGEONNETTE.

Ah ?

ANDRÉ, bas, à Raoul.

Tâche de la renvoyer.

RAOUL, même jeu.

Je vais essayer.

Voix de Carindol.

ANDRÉ.

Trop tard !... Mon beau-père !

SCÈNE IX

LES MÊMES, CARINDOL.

CARINDOL, très affairé.

Mon gendre, je vais... (Apercevant Pigeonnette.) Comment ! madame, vous étiez là et on ne me prévient pas !

PIGEONNETTE, d'un ton précieux.

Je n'aurais pas voulu que ces messieurs vous dérangeassent pour moi.

RAOUL, à part.

Oh !... geassent !

CARINDOL.

Pourquoi donc ? J'aurais eu plus tôt le plaisir de vous voir.

PIGEONNETTE, saluant.

Monsieur !

CARINDOL.

Vous m'excuserez, mais il faut que je sorte pour acheter des gants.

ANDRÉ.

Pour vous ?

CARINDOL, avec humeur.

Non, pour ma femme ; elle vient de déchirer les siens en les mettant. Elle n'en fait jamais d'autres.

ANDRÉ.

Si cela vous ennuie, je puis aller moi-même...

CARINDOL.

Je n'osais pas vous le demander : une paire de gants blancs, pour dame, en peau de chevreau, que vous ferez ouvrir ; longueur six boutons ; pointure... pointure, huit... huit trois quarts.

PIGEONNETTE, à part.

Mâtin, quel pied !

ANDRÉ, prenant son chapeau.

Huit trois quarts, très bien.

Il sort par le fond.

CARINDOL, à la porte.

Prenez la voiture qui est en bas.

RAOUL.

Si je puis aussi vous être utile à quelque chose...

CARINDOL.

Mais parfaitement. Tenez, si vous voulez me faire le plaisir de transcrire le nom de mes invités sur ces cartes, pour mettre sur les serviettes.

Il lui donne des cartes.

RAOUL, prenant les cartes.

Volontiers.

PIGEONNETTE, bas, à Raoul.

N'oubliez pas le mien.

CARINDOL, donnant un papier à Raoul.

Voici ma liste. (Montrant la porte de gauche.) Entrez dans mon cabinet : vous serez plus tranquille; moi je vais conduire madame dans le petit-salon, et ensuite tout préparer ici pour la cérémonie.

Il va à la porte et l'ouvre.

RAOUL, à part.

Sapristi! il va rester seul avec Pigeonnette. Pourvu qu'elle ne dise pas de bêtises !

Il sort par la gauche, premier plan.

CARINDOL, allant vers la porte de droite, deuxième plan.

Et vous, madame, si vous voulez entrer là, ma femme vous rejoindra dans un instant. (A mi-voix.) Soyez tranquille : elle ne sait rien. Je ne lui en ai pas soufflé mot.

PIGEONNETTE.

Vous voulez sans doute parler de mon mariage?

Raoul ouvre doucement la porte et écoute.

CARINDOL, à part.

Tiens! elle y vient d'elle-même. Si je pouvais la faire jaser !

PIGEONNETTE.

Vous savez donc...?

CARINDOL.

Je sais tout.

5.

PIGEONNETTE.

Et vous ne me désapprouvez pas?

CARINDOL.

Je n'en ai pas le droit.

PIGEONNETTE.

Alors, je puis compter sur vous. Si, parmi vos amis et connaissances, vous entendiez parler de quelque chose...

CARINDOL.

Je vous avertirais tout de suite.

PIGEONNETTE.

Merci, monsieur.

CARINDOL.

Il n'y a pas de quoi.

PIGEONNETTE, à part.

Allons, allons, je crois qu'avant peu je serai mariée.

Elle entre à droite, deuxième plan.

RAOUL, à part.

Ouf! je respire.

Il referme la porte.

SCÈNE X

CARINDOL, puis FRANÇOISE, DARDENBOIS, BOXOON, et VICTORIA.

CARINDOL, seul.

Décidément, ce mariage n'est pas naturel.

FRANÇOISE, au fond

Monsieur, v'là un tas de monde !

CARINDOL.

Faites entrer.

FRANÇOISE.

Bien, monsieur.

Elle s'efface pour laisser passer Dardenbois, Boxoon et Victoria,
et sort.

CARINDOL, saluant.

Madame, messieurs... (A part.) Qui cela peut-il être ?

DARDENBOIS.

Monsieur Carindol, s'il vous plaît?

CARINDOL.

C'est moi, monsieur.

DARDENBOIS.

Ah ! c'est vous, monsieur ?

CARINDOL, modestement.

Mon Dieu, oui.

DARDENBOIS.

Je regrette, monsieur, que mon neveu ne soit pas en
ce moment avec vous : il m'aurait évité l'embarras de me
présenter moi-même.

CARINDOL, à part.

Ah! c'est l'oncle Dubochard. (Haut.) Vous pouvez, monsieur, vous éviter cette peine. Sans vous avoir jamais vu,
je vous connais depuis longtemps, car votre neveu m'a
bien souvent parlé de vous. (Montrant des sièges à tout le
monde.) Mais asseyez-vous, je vous en prie.

BOXOON, s'asseyant.

Yes.

Boxoon et Victoria, assis l'un près de l'autre, restent dans une
immobilité rigide jusqu'à la fin de la scène.

CARINDOL, à part.

Tiens, un Anglais ! (Il détache sa montre de son gilet et la met
dans sa poche.) C'est peut-être un pick-pocket.

DARDENBOIS, s'asseyant.

Vous comprenez bien, monsieur, que si j'ai quitté mes travaux et mes plaisirs et fait un pareil voyage, ce n'est pas pour des prunes.

CARINDOL.

En effet, car votre neveu m'avait affirmé que vous ne viendriez pas.

DARDENBOIS.

Depuis longtemps je voulais le marier.

CARINDOL, souriant.

Cela se trouve bien.

DARDENBOIS.

Et c'est pour cela que je suis venu; mais j'ai appris en arrivant qu'il était trop tard.

CARINDOL.

En effet.

DARDENBOIS.

Quand il m'a appris cette nouvelle, hier, j'ai bien été un peu surpris, mais que dire? J'ai été condamné...

CARINDOL, vivement.

Je le sais.

DARDENBOIS, continuant.

Au silence.

CARINDOL.

Soyez tranquille, je n'en parlerai pas ; d'ailleurs, l'amnistie a été votée ; il n'y a plus rien à craindre.

DARDENBOIS, surpris.

Comment ?

CARINDOL, vivement.

Rien, rien. (A part.) Ces souvenirs lui sont pénibles.

DARDENBOIS, à part.

Quelle drôle de conversation ! (Haut.) Donc, comme je vous le disais, ce mariage m'a surpris, et même, il m'a contrarié.

CARINDOL, piqué.

Cependant, monsieur.. (A part.) Il n'est pas poli, l'oncle Dubochard.

DARDENBOIS.

Mon Dieu, je n'ai rien à dire sur le compte de la jeune fille, mais ce qui m'inquiète et ne me paraît pas clair, c'est qu'il y a là-dedans une certaine tête de singe...

CARINDOL, à part.

Est-ce qu'il voudrait parler de moi ?

DARDENBOIS.

Voyons, entre nous, qu'est-ce que c'est que sa mère?

CARINDOL.

Mais...

DARDENBOIS.

Vous qui la connaissez, vous pouvez me renseigner.

CARINDOL.

Mais, monsieur, c'est une honnête et excellente personne, qui a ses petits défauts comme tout le monde, mais dont la vie est irréprochable et le commerce des plus agréables.

DARDENBOIS.

Ah ! elle est dans le commerce ! Mon neveu ne me l'avait pas dit.

CARINDOL.

Mais non, je veux dire que son caractère est agréable. (A part.) Quelle drôle de conversation !

DARDENBOIS.

Ah ! très bien ! Vous excuserez ma curiosité, mais c'est que le mariage est une chose si sérieuse !

CARINDOL.

Quand on a été marié trois fois... on en sait quelque chose.

DARDENBOIS, à part.

Tiens ! il s'est marié trois fois.

CARINDOL.

Surtout quand votre première femme vous a trompé, que la seconde vous a rendu malheureux, et que la troisième vous a fait à la fois, comme la première et la seconde.

DARDENBOIS, lui serrant la main.

C'est un bien grand malheur pour un homme.

CARINDOL, même jeu.

Oh oui ! c'est horrible. Heureusement, toutes les femmes ne sont pas les mêmes, et je puis répondre que ma fille...

DARDENBOIS.

Ah ! oui, la jeune mariée... Dites-moi, est-ce la fille de votre troisième femme ?

CARINDOL, ahuri.

De ma troisième femme ?

DARDENBOIS.

De la seconde alors, ou de la première ?

CARINDOL.

Mais, monsieur, je n'ai jamais eu qu'une femme.

DARDENBOIS.

A la fois, je le sais bien, mais ne m'avez-vous pas dit tout à l'heure que vous vous étiez marié trois fois ?

CARINDOL.

Mais ce n'est pas moi qui me suis marié trois fois, c'est vous.

DARDENBOIS.

Moi? Je n'ai jamais été marié.

CARINDOL.

Comment! Vous n'êtes donc pas l'oncle d'André?

DARDENBOIS.

Mais non, je suis simplement son témoin.

CARINDOL.

Son second témoin?

DARDENBOIS.

Son second témoin.

CARINDOL.

Et moi qui vous prenais pour l'oncle Dubochard! Je vous demande bien pardon, je vous... (Changeant de ton.) Et comment va votre asthme?

DARDENBOIS, ahuri.

Mon asthme? quel asthme? Je n'ai pas d'asthme.

CARINDOL.

Comment, vous n'avez pas... et vous êtes... et vous n'êtes pas... et... mais alors... je n'y suis plus... je m'y perds... je m'y perds!... (Apercevant Raoul.) Ah! mon cher monsieur Raoul, venez à notre secours.

RAOUL, à part, en entrant.

Aïe, mon oncle!

SCÈNE XI

LES MÊMES, RAOUL.

RAOUL, à Carindol.

Qu'y a-t-il donc? (A Dardenbois.) Bonjour, mon oncle.
Il s'incline devant Boxoon et Victoria.

CARINDOL, surpris.

Comment ! monsieur est votre oncle ?

RAOUL.

Mais oui.

BOXOON.

Yes.

DARDENBOIS, se présentant lui-même.

Dardenbois, planteur au Canada. (Présentant Boxoon et Victoria.) Master Boxoon, planteur également, et miss Victoria, sa fille.

CARINDOL.

Monsieur, mademoiselle, enchanté de l'honneur que vous voulez bien me faire.

RAOUL, sans l'entendre.

Mon oncle est arrivé hier, juste au moment où André apprenait que son second témoin ne pourrait pas venir.

CARINDOL.

Ah ! ça lui a repris, son asthme ?

RAOUL.

Oui, ça lui a repris.

DARDENBOIS.

Et M. André, votre gendre, m'a prié de vouloir bien le remplacer.

CARINDOL.

Vous allez remplacer mon gendre ?

DARDENBOIS.

Mais non, le témoin qui lui manque.

CARINDOL, remontant la scène.

Parfait ! tout s'explique !

DARDENBOIS, à Raoul.

Où est Euphémie ? (Élevant la voix.) Où est ta femme ?

CARINDOL, redescendant.

Elle est là. Voulez-vous que je l'appelle?

RAOUL, s'oubliant.

Non, non, ce n'est pas celle-là. (Se reprenant.) Je veux dire, ce n'est pas la peine de vous déranger : elle viendra tout à l'heure. (A part.) Et les Bassinet qui n'arrivent pas!

VICTORIA, avec un cri.

Aoh !

TOUS.

Quoi?

VICTORIA.

J'ai trouvé : Bronches : vaisseau. Et vaisseau : navire à voiles ou à vapeur.

RAOUL, ahuri.

Comment? (Se souvenant.) Ah! oui, je me souviens... hier... vous cherchiez... oui, oui, c'est cela. (A part.) Je vais lui chiper son dictionnaire.

SCÈNE XII

Les Mêmes, MADAME BASSINET, EUPHÉMIE,
puis PIGEONNETTE.

MADAME BASSINET, au fond.

Par ici, Phémie, par ici!

CARINDOL, sautant.

Madame Bassinet! (Bas, à Raoul.) Mon gendre a invité sa portière?

RAOUL, même jeu.

Oui, pour que sa fille, qui est tragédienne, nous dise un monologue comique après le déjeuner.

CARINDOL.

Ça, c'est une idée.

MADAME BASSINET, toilette ridicule.

Salut à toute la société.

CARINDOL.

Madame, mademoiselle, mon gendre a eu une heureuse idée en vous invitant... et je la partage.

MADAME BASSINET.

Moi aussi, monsieur.

DARDENBOIS, bas, à Euphémie.

Vous êtes charmante, et mon neveu Raoul doit être bien heureux.

EUPHÉMIE, s'inclinant.

Monsieur... (A part.) Pourquoi me dit-il cela?

MADAME BASSINET.

Ah! vous voilà, monsieur Dardenbois! (A mi-voix.) Dites donc, nous en recauserons.

DARDENBOIS, de même.

De quoi?

MADAME BASSINET, de même.

De la tête de singe.

DARDENBOIS, de même.

Oui, oui, mais plus tard, pas devant le monde.

MADAME BASSINET, de même.

Oh! non, pas devant le monde.

CARINDOL, regardant sa montre.

Dix heures et demie! Il faut enfin que je prépare...

PIGEONNETTE, à la porte de droite, deuxième plan.

Dites donc, monsieur Carindol, je m'ennuie, moi, toute seule.

CARINDOL.

Comment! vous êtes seule? Monsieur Raoul, conduisez ces dames dans le petit salon: elles tiendront compagnie à votre...

RAOUL, l'interrompant.

Très bien... Par ici, mesdames.

Toutes les dames se dirigent vers la droite.

CARINDOL, à la porte de gauche, deuxième plan.

Et vous, messieurs, passez dans la salle à manger: il y a des cigares.

BOXOON.

Yes.

Dardenbois, Boxoon et Carindol se dirigent vers la gauche.

MADAME BASSINET, montrant Dardenbois à sa fille.

Euphémie, tu vois bien cet homme?... Je crois que je l'ai retrouvée.

EUPHÉMIE.

Quoi?

MADAME BASSINET.

La tête de singe.

EUPHÉMIE.

Mon père!

RAOUL, qui attend à la porte, avec Victoria et Pigeonnette.

Eh bien, mesdames?

MADAME BASSINET, courant à la porte.

Voilà, voilà! (Elle sort avec Victoria et Pigeonnette.) Viens-tu, Phémie?

RAOUL, à Euphémie pendant qu'elle passe.

Vous êtes ravissante.

EUPHÉMIE, à part, en sortant.

Il m'aime!

Raoul sort derrière elle.

CARINDOL, qui causait à la porte avec Dardenbois et Boxoon.

C'est ça, entrez! On vous avertira.

Dardenbois et Boxoon sortent par la porte de gauche, deuxième plan.

SCÈNE XIII

CARINDOL, puis MADAME CARINDOL.

MADAME CARINDOL, entrant par la porte de droite, premier plan, en grande toilette, mais sans chapeau.

Eh bien, et mes gants?

CARINDOL.

André est allé les acheter, ma bonne.

MADAME CARINDOL.

Eh bien, en attendant qu'il soit de retour, vous allez me dire où vous avez connu cette femme?

CARINDOL.

Quelle femme?

MADAME CARINDOL.

Ah! Gabriel, ne contraignez pas les lèvres de votre épouse légitime à prononcer le nom de votre maîtresse!

CARINDOL.

Ma maîtresse!

MADAME CARINDOL, insistant.

Cette femme n'est pas votre maîtresse?

CARINDOL, avec impatience.

Mais quelle femme, encore une fois?

MADAME CARINDOL.

Quelle femme? Agnès Sorel, puisque vous voulez que je la nomme.

CARINDOL.

Agnès Sorel! (Il se jette dans un fauteuil et se tord.) Agnès
Sor... Agnès Sor... Ah... ah... ah... ah!...

MADAME CARINDOL, furieuse.

Vous riez, malheureux?

CARINDOL.

Non, je ne ris pas, je me tords. Agnès Sorel! (Suffoquant.)
Mais, ma bonne amie, Agnès Sorel, c'est... c'est...

MADAME CARINDOL, avec ironie.

Dites tout de suite que c'est votre sœur.

CARINDOL, riant toujours.

Non, non, ce n'est pas ma sœur : Agnès Sorel, la belle
Agnès comme on l'appelait, était...

MADAME CARINDOL.

Etait?...

CARINDOL, très naturellement.

La maîtresse d'Henri IV, parbleu!

MADAME CARINDOL.

La maîtresse de... oui... en effet... il me semble... je
crois me souvenir... Son mari n'avait pas de jambes... il
était... fond de jatte... Mais il en avait donc cinquante,
cet Henri IV?

CARINDOL.

Des jambes?

MADAME CARINDOL.

Mais non, des maîtresses?

CARINDOL.

Ah! dame, tu sais, les rois, ça connaît tant de monde!

MADAME CARINDOL, rêveuse.

J'aurais bien voulu le connaître.

CARINDOL.

Si tu doutes encore, va chercher l'histoire de France de ta fille et tu verras.

MADAME CARINDOL.

J'espère bien qu'on n'y raconte pas de pareilles horreurs.

CARINDOL.

Oh! il n'y a pas de détails, mais enfin...

MADAME CARINDOL.

Dans mon histoire à moi, on ne parlait pas de ces choses-là.

CARINDOL.

Aussi, tu vois ce qui arrive.

MADAME CARINDOL.

On respectait les jeunes filles, dans mon temps.

CARINDOL.

Oui, mais on ne respectait pas l'histoire. Allons! tu es rassurée? Alors, embrasse ton petit Gaga.

MADAME CARINDOL, l'embrassant.

Monstre, va !

SCÈNE XIV

LES MÊMES, DUBOCHARD, puis RAOUL.

DUBOCHARD, entrant au moment où Carindol et sa femme s'embrassent.

Je vous dérange?

CARINDOL, à part.

Tiens! le second témoin! (Haut.) Comment! c'est vous, monsieur? Mais nous ne comptions plus sur vous.

DUBOCHARD.

Je suis en retard?

CARINDOL.

Non, mais comme ça vous a repris, on a eu peur que
vous ne puissiez pas venir, et l'on vous a remplacé.

DUBOCHARD, ahuri.

Ça m'a repris?

MADAME CARINDOL.

Néanmoins, soyez le bienvenu : vous n'êtes pas de trop.

CARINDOL.

C'est une étrange maladie : ça vous prend, ça vous
quitte, puis ça vous reprend, ça vous requitte...

DUBOCHARD.

Pardon, quelle maladie?

CARINDOL.

Eh bien! la vôtre.

DUBOCHARD.

Mais, je ne suis pas malade.

CARINDOL.

Comment! un asthme, vous n'appelez pas ça une maladie?

MADAME CARINDOL.

On dit cependant que ça fait bien souffrir.

CARINDOL.

J'ai un de mes amis qui en est mort, moi, d'un asthme.

DUBOCHARD.

Mais, je n'ai pas d'asthme.

CARINDOL, à part.

Est-ce que ça va recommencer? (Haut.) Voyons, monsieur, c'est bien vous que j'ai vu hier chez André, et qui
êtes le second témoin de...

DUBOCHARD.

Parfaitement.

CARINDOL.

Et vous vous appelez?

DUBOCHARD.

Dubochard.

CARINDOL, sautant.

Dubochard!... Vous êtes l'oncle Dubochard?

DUBOCHARD.

Je suis l'oncle Dubochard.

MADAME CARINDOL, très empressée.

Ah! mais alors, asseyez-vous donc!

Ils s'asseyent tous les trois.

CARINDOL.

Et moi qui vous ai pris hier pour... C'est la faute de votre neveu, qui ne vous a pas présenté.

DUBOCHARD.

Il faut lui pardonner, j'arrivais, et il s'attendait si peu à me voir...

CARINDOL.

En effet, il ne s'y attendait pas.

MADAME CARINDOL.

C'est une surprise agréable.

DUBOCHARD.

Je veux vendre ma propriété de Monmouron et je suis venu à Paris pour en faire annoncer la vente dans les Petites Affiches et tâcher de trouver un acquéreur.

CARINDOL.

Tiens, moi qui cherche une maison de campagne...

MADAME CARINDOL, vivement.

Oh! rien ne presse.

DUBOCHARD.

Ah! vous cherchez...?

CARINDOL.

Oui, maintenant que voilà notre fille mariée, nous
avons l'intention, ma femme et moi, de nous retirer à la
campagne, et si nous trouvions une petite maison...

DUBOCHARD, à part.

Si je pouvais leur coller la mienne!

CARINDOL.

Pas trop chère...

DUBOCHARD.

Trente mille francs : quatre pièces au rez-de-chaussée,
cinq au premier étage, cave, buanderie, écurie et remises,
jardin anglais avec jet d'eau, et un immense potager en
plein rapport... (Accentuant.) en plein... en plein rapport.
C'est étonnant ce qu'il rapporte! Une vue superbe, la maison bâtie en pierre de taille et couverte en ardoises... à
dix minutes de la gare; un épicier, deux bouchers et un
boulanger dans le pays; une église du onzième siècle,
très curieuse; le cimetière est à trois minutes de l'église,
très coquet; c'est là que j'ai fait enterrer mes trois femmes,
au soleil; elles reposent, et moi aussi! Sur leur tombe,
un saule les pleure... —Il est bien bon! —A côté, un banc
en bois... sur lequel je viens m'asseoir tous les jours pour
lire mon journal... Je le lis tout haut : ça me fait digérer.
Vous verrez, on est très bien. Du reste, je vais vous faire
le plan.

RAOUL, à la porte de droite, deuxième plan.

Ciel! l'oncle Dubochard!... Oh! quelle idée!

Il rentre.

DUBOCHARD, dessinant le plan sur le parquet.

Ici, la porte d'entrée, qui, au besoin, peut servir de
porte de sortie... mais il y en a une autre, derrière...

SCÈNE XV

Les Mêmes, ANDRÉ.

ANDRÉ, au fond.

Dieu! mon oncle!

DUBOCHARD.

Ah! te voilà, toi?

MADAME CARINDOL.

Vous avez mes gants?

ANDRÉ, troublé.

Non... si, si... oui... non... non... heu... les voilà!

Il lui donne des gants.

MADAME CARINDOL.

Merci!

ANDRÉ, à part.

Mon oncle! (Haut.) Mais, vous êtes donc réveillé?

DUBOCHARD.

Comment?... si je suis!... Ah çà! est-ce que je ne me
suis pas levé en même temps que toi?

ANDRÉ.

C'est juste, vous vous êtes...

CARINDOL.

Mais qu'est-ce que vous avez donc? Vous avez l'air tout
chose?

DUBOCHARD.

Oui, tu as l'air...

ANDRÉ.

Moi? Quelle idée!... C'est vous, au contraire, mon
oncle, qui n'avez pas l'air à votre aise.

DUBOCHARD.

Moi?

ANDRÉ.

Oui, il me semble que vous n'êtes pas comme à l'ordinaire... Vous êtes rouge... vos yeux se ferment...

DUBOCHARD, écarquillant les yeux.

Mes yeux se ferment?

ANDRÉ.

On dirait que vous avez envie de dormir. Vous devriez aller vous recoucher, mon oncle.

DUBOCHARD.

Hein? tu veux que ?..

ANDRÉ, vivement.

Oh! je ne vous force pas... mais enfin, quand on n'est pas habitué à l'air de Paris, à cet air empoisonné qui... que... (A part.) Comme je barbote !

CARINDOL.

Décidément, vous avez quelque chose d'extraordinaire.

ANDRÉ.

Moi! Non, je n'ai rien, rien du tout... Couru... essoufflé... monté vite... chaud... très chaud... et puis la joie de voir mon oncle, mon bon oncle, mon excellent oncle !... (Changeant de ton.) Si nous parlions d'autre chose?

MADAME CARINDOL, à Dubochard.

Comme il vous aime !

DUBOCHARD.

Il ne m'a pas toujours aimé comme ça.

ANDRÉ, protestant.

Oh !

DUBOCHARD.

Avec son air de ne pas y toucher, monsieur mon cher neveu a mené une vie de polichinelle.

CARINDOL et MADAME CARINDOL.

Hein!

DUBOCHARD.

Et dame, j'ai dû plusieurs fois montrer les grosses dents.

ANDRÉ, suppliant.

Mon oncle!

DUBOCHARD, riant.

Entre nous, c'est un noceur, comme tous les artistes, d'ailleurs.

MADAME CARINDOL.

Mais c'est affreux! (A part.) Ma pauvre fille!

DUBOCHARD.

Bast! il faut bien que jeunesse se passe!

CARINDOL.

Oui, vous avez raison, tout cela n'a qu'un temps. Une fois marié...

ANDRÉ, vivement.

Évidemment. Une fois marié...

DUBOCHARD.

Toi, marié! Tu es aussi peu capable de faire un mari, que moi un évêque.

MADAME CARINDOL.

Mais alors...

ANDRÉ, s'efforçant de rire.

Mon oncle plaisante... C'est pour rire... Il est très gai... moi aussi je suis gai... vous aussi vous êtes gais... nous sommes tous gais... il faut bien rire... la vie est si courte... si courte!.. (Chantant et dansant.) Tradéridéralonla.

MADAME CARINDOL, surprise.

Tradéridéra?

CARINDOL, même jeu.

Déralonla?

ANDRÉ.

Mais l'adjoint va arriver, il va arriver l'adjoint, et il faut se préparer, parce qu'un adjoint ça fait attendre, mais ça n'attend pas. (Tapant dans ses mains.) Allons vite, hop-là, hop-là!

CARINDOL.

Cependant...

MADAME CARINDOL.

Je veux savoir...

ANDRÉ, les poussant vers la droite.

Allez mettre votre chapeau, madame Carindol. Nous n'avons pas de temps à perdre... Et vos gants... c'est long à mettre... très long... six boutons, douze pour les deux, allez... allez.

CARINDOL.

Je vais te les attacher.

ANDRÉ, les poussant toujours.

C'est cela, allez, allez.

MADAME CARINDOL.

Mais vous me jurez...

CARINDOL.

Vous nous jurez...

ANDRÉ.

Mais oui... mais oui... tout ce que vous voudrez. Allez donc... allez donc! (A part.) La tête me craque.

Carindol et madame Carindol entrent à droite, premier plan.

SCÈNE XVI

DUBOCHARD, ANDRÉ.

ANDRÉ, allant à la porte de gauche, deuxième plan.

Tenez, mon oncle, entrez par ici, vous pourrez faire un petit somme en attendant l'heure. (Se reprenant.) Je veux dire, fumer un petit cigare.

DUBOCHARD.

Dis donc, tu sais que ma maison est à peu près vendue?

ANDRÉ, indifférent.

Ah?

DUBOCHARD.

Oui, je la vends aux Carindol.

ANDRÉ, sautant.

Aux Carindol!

DUBOCHARD.

On dirait que ça te contrarie?

ANDRÉ.

Moi, au contraire... ça me... ça me fait plaisir. (A part.) Il ne manquait plus que ça!

DUBOCHARD.

A propos, qu'est-ce que tu fais ce soir après la noce?

ANDRÉ, à part.

Fichtre! Est-ce qu'il se douterait?... (Haut.) Après la noce?... Mais rien, mon oncle, rien du tout.

DUBOCHARD.

Et demain? et tout le reste de la semaine?

ANDRÉ.

Mais rien, rien. (A part.) Il se doute de quelque chose.

DUBOCHARD.

Eh bien! puisque tu es libre de ton temps et que rien ne te retient à Paris, je t'emmène ce soir avec moi à Monmouron.

ANDRÉ, sautant.

Moi?

DUBOCHARD.

Oui, il y a des raccords de peinture à faire dans ma cuisine et dans ma salle à manger, et comme tu es peintre...

ANDRÉ.

Mais, mon oncle...

DUBOCHARD.

Il n'y a pas de « mais mon oncle » : tu viens de me dire que tu étais libre, que tu n'avais rien à faire; tu viendras avec moi ou sinon...

ANDRÉ.

Mais...

DUBOCHARD, sévèrement.

Sinon... Je ne t'en dis pas davantage.

Il entre à gauche, deuxième plan.

SCÈNE XVII

ANDRÉ et RAOUL.

ANDRÉ, seul.

Cette fois, ça y est, je suis flambé, et je puis dire adieu à l'héritage de mon oncle. (Apercevant Raoul qui entre.) Ah! mon ami, tout est perdu! Mon oncle est ici.

RAOUL, très calme.

Je l'ai vu.

ANDRÉ.

Mais ce soporifique que tu lui as fait prendre?

RAOUL.

Ah! dame, celui qui me l'a vendu est un bon pharmacien, mais il n'est que de seconde classe, et sans doute
ses marchandises s'en ressentent. Mais, tranquillise-toi!
J'ai trouvé autre chose.

ANDRÉ.

Oui, mais il y a une nouvelle complication : mon oncle
veut à tout prix m'emmener avec lui à Monmouron.

RAOUL

Eh bien ! vas-y.

ANDRÉ.

Et ma femme? Je ne peux pas quitter ainsi ma femme
le jour de mon mariage... avant même de... Elle la trou-
verait mauvaise. . moi aussi, du reste... Car enfin, je me
marie pour me marier, et non pas pour passer la nuit
de mes noces en chemin de fer avec mon oncle.

RAOUL.

C'est juste, ça ne serait pas gai. Comment faire? (Après
un temps) Il n'y a qu'un moyen : puisque ton oncle croit
que c'est moi qui épouse mademoiselle Carindol, dis-lui
de m'inviter à aller passer avec elle notre lune de miel
à Monmouron.

ANDRÉ.

Et les Carindol?

RAOUL.

Quoi? les Carindol?

ANDRÉ.

Ils ne consentiront jamais à se séparer comme ça tout
de suite de leur fille... Je les connais.

RAOUL.

Fais-les inviter aussi.

ANDRÉ.

C'est une idée : d'autant plus qu'ils sont en pourparlers avec mon oncle pour acheter sa maison.

RAOUL.

Alors, ça va tout seul.

ANDRÉ.

Oui, ça va tout... (Changeant de ton.) Mais non, ça ne va pas tout seul : si les Carindol achètent la maison, mon oncle finira toujours par savoir que je suis marié avec leur fille.

RAOUL.

Bah ! nous débinerons tellement la bicoque qu'ils ne l'achèteront pas. Allons, va vite trouver ton oncle.

ANDRÉ, remontant la scène.

J'y cours. (A part.) Dieu, que j'ai la tête lourde !

RAOUL.

Sapristi !

ANDRÉ.

Quoi?

RAOUL.

Il faut aussi faire inviter Pigeonnette.

ANDRÉ, stupéfait.

Pigeonnette ! encore Pigeonnette !

RAOUL.

Il le faut bien, puisque M. Carindol la croit ma femme.

ANDRÉ.

Eh bien ?

RAOUL.

Eh bien, si je vais à Monmouron sans elle, ton beau-père et ta belle-mère me demanderont pourquoi elle n'est pas avec moi, et cela nous créera de nouvelles difficultés.

ANDRÉ, anéanti.

C'est vrai... ça nous créera de nouvelles dif... Je vais
faire inviter Pigeonnette... je vais... (Chancelant.) Quelle
journée, mon Dieu, quelle journée !

Il entre à gauche, deuxième plan.

RAOUL, seul.

Oh ! oui, quelle journée !

SCÈNE XVIII

RAOUL, VICTORIA.

VICTORIA, entrant furtivement.

Vous étiez tout seul, monsieur Raoul ?

RAOUL.

Yes, miss, yes.

VICTORIA.

Tant mieux, j'avais quelque chose de très considérable
à vous dire. J'ai appris ce matin, par hasard, pourquoi
mon papa m'avait amenée à Paris ; c'était pour marier
moi, contre un homme quelconque. — Voulez-vous marier vous contre moi, monsieur Raoul ?

RAOUL, à part.

Tiens, elle me croit garçon ! il est vrai que je le suis.

VICTORIA.

Vous taisez votre bouche ?

RAOUL, embarrassé.

Mais... (A part.) Voilà du nouveau.

VICTORIA.

Comment trouvez-vous mon figure ?

RAOUL, lui prenant son dictionnaire.

Je la trouve très... (Cherchant dans le livre et lisant.) Je la trouve très... beautiful.

VICTORIA.

Vous me trouvez jolie? Bien. Mais il n'était pas la peine de chercher dans le dictionnaire : je comprenais parfaitement toutes les choses de l'amour : j'avais commencé par apprendre ça, tout de suite, d'abord, avec mon professeur. Continouions.

RAOUL.

Nouions?... Ah ! continuons. (A part.) Jusqu'où cela va-t-il aller?

VICTORIA, déroulant ses cheveux.

Comment trouvez-vous mes cheveux? Tâtez.

RAOUL, tâtant ses cheveux.

Extraordinairement longs et soyeux.

VICTORIA, montrant ses dents.

Et mes dents? Regardez.

RAOUL, regardant.

Blanches comme celles de l'éléphant, (se reprenant.) non, comme l'ivoire.

VICTORIA.

Et il n'en manquait pas une seule, vous savez.

RAOUL.

Je le vois.

VICTORIA.

Et mon poitrine? Comment vous trouvez?

RAOUL, avançant la main.

Mais...

VICTORIA, écartant la main de Raoul.

C'était confortable, n'est-ce pas?

RAOUL.

Oui, ça me paraît assez confortable.

VICTORIA.

J'ai dix-huit ans, je monte à chevaux, je sais le danse, le peinture, la vélocipède, l'escrime et le nage ; enfin, je brode, je fais le plum-pudding et je vous trouve beau, et si vous voulez, nous marierons nous, tous les deux, l'un contre l'autre.

RAOUL, troublé.

Ah ! nous nous ?... C'est que... (A part.) Elle est charmante.

VICTORIA.

Aoh ! vous pouvez réfléchir jusqu'à demain le matinée... Si demain l'affaire ne vous a pas convenu... je chercherai un autre.

RAOUL.

C'est cela, miss, je vais réfléchir, je... je...

VICTORIA.

Yes, au revoir... au revoir.

Elle sort par la droite, deuxième plan.

SCÈNE XIX

RAOUL, puis ANDRÉ.

RAOUL, seul.

Si je m'attendais à celle-là par exemple! (A André, qui entre.) Eh bien, est-ce fait ?

ANDRÉ, à demi hébété.

Oui... Je ne sais pas si mon oncle a bien compris, mais il m'a dit : Invite qui tu voudras... du reste, du reste...

comme j'entrais dans la salle à manger, il était en train
d'inviter ton oncle Dardenbois et master Boxoon à venir passer quelques jours à Monmouron... parce qu'il paraît que ton oncle a l'intention d'acheter une maison de
campagne en France... et alors...

RAOUL, marchant sur André.

Il a invité mon oncle? Il a invité mon oncle? Ah! pour
le coup, la mesure est comble!

ANDRÉ.

Pourquoi ça?

RAOUL.

Parce que... parce que, maintenant il faut aussi faire
inviter la mère Bassinet et sa fille.

ANDRÉ.

Ah! non, non, non, j'en ai assez.

RAOUL.

Mais, malheureux, mademoiselle Bassinet passe pour
ma femme aux yeux de mon oncle, et je ne peux pas
aller sans elle à Monmouron. Allons! va les faire inviter.

ANDRÉ.

J'y vais... je... Ah! c'est étrange!

RAOUL.

Qu'as-tu donc?

ANDRÉ.

Je ne sais, je me soutiens à peine... je... Mes yeux se
ferment malgré moi... j'éprouve comme une envie irré-
sistible de dormir... Je dors!

Il tombe sur le canapé.

RAOUL, avec désespoir.

Malheureux! je me suis trompé de tasse!

ANDRÉ, sautant.

Hein?... quoi?... Comment?... C'est moi qui ai bu le...
la...?

RAOUL, affolé.

Oui, c'est toi qui as bu le... la...

ANDRÉ.

Ah ! mon Dieu !

RAOUL.

Voyons, André, du courage, de l'énergie, morbleu, sacrebleu, ventrebleu ! Raidis-toi, secoue-toi, marche, va, viens, et surtout ne t'assieds pas ! Si tu t'assieds, tu es mort.

ANDRÉ.

Mort !

RAOUL.

Pince-toi, mon ami, pince-toi. Veux-tu que je te pince ?

ANDRÉ.

Merci, je me pincerai tout seul. Ah ! mon Dieu, mon Dieu !!!

Il rentre à gauche.

SCÈNE XX

RAOUL, puis PIGEONNETTE, MADAME BASSINET,
EUPHÉMIE et VICTORIA.

RAOUL, seul.

Quelle aventure ! (Regardant sa montre.) Onze heures moins cinq... Donnons nos dernières instructions. (Allant à la porte de droite, deuxième plan.) Mesdames, s'il vous plaît. (Il fait entrer Pigeonnette, madame Bassinet, Euphémie et Victoria.) Vous avez toutes bien compris ce que je vous ai dit tout à l'heure dans le petit salon, n'est-ce pas, mesdames ? Je vous en supplie, suivez bien mes instructions, et, surtout, gardez-moi le plus grand secret.

MADAME BASSINET.

Au moins, expliquez-vous...

PIGEONNETTE.

Oui, dites-nous...

RAOUL.

Rien, je ne puis rien vous dire, sinon que je vous conjure de faire exactement ce que je vous ai demandé.

EUPHÉMIE.

C'est bien étrange..

RAOUL.

Plus tard, je vous expliquerai tout. En attendant, je vais vous placer : vous, miss Victoria, au piano, et chaque fois que l'adjoint prononcera le nom d'André...

VICTORIA, faisant semblant de taper sur le piano.

Yes, j'avais très bien compris.

RAOUL.

Vous, mademoiselle Euphémie, devant la fenêtre ! Soulevez le rideau pour que...

EUPHÉMIE, faisant semblant de taper sur les vitres.

Entendu !

RAOUL.

Vous, Pigeonnette, adossée à la cheminée ; et aussitôt que...

PIGEONNETTE, faisant semblant de donner des coups de pied dans la plaque de la cheminée.

Je ne vous dis que ça.

RAOUL.

Et enfin, vous, madame Bassinet, à côté de mademoiselle Pigeonnette, près du...

MADAME BASSINET, faisant semblant de tirer le cordon de sonnette.

N'ayez pas peur, ça me connait.

RAOUL.

Ayez toutes les yeux sur moi, et, au signal convenu, aussitôt que l'adjoint...

TOUTES.

Oui, oui, oui.

SCÈNE XXI

Les Mêmes, FRANÇOISE, puis L'ADJOINT [1].

FRANÇOISE, au fond.

Monsieur l'adjoint !

RAOUL.

Françoise !... Elle peut me servir aussi. (A Françoise.) Ecoutez !

Il lui parle bas.

L'ADJOINT.

Mesdames, messieurs, j'ai bien l'honneur de vous saluer. Si quelqu'un veut bien prévenir la famille de mon arrivée, nous procèderons immédiatement à la cérémonie du mariage.

FRANÇOISE, à Raoul.

C'est entendu, monsieur, mais c'est drôle.

RAOUL, lui donnant de l'argent.

Silence ! Tenez, voilà pour vous. Prévenez tout le monde que M. l'adjoint est là.

FRANÇOISE, ouvrant la porte de droite, premier plan.

L'adjoint est là !

L'ADJOINT.

Je crois que la table serait mieux au milieu.

1. Éviter de faire de ce personnage un type ridicule.

FRANÇOISE, ouvrant la porte de gauche, deuxième plan.

L'adjoint est là !

RAOUL.

Je vais la mettre. (Il met la table au milieu.) Maintenant, les sièges. (Il dispose les sièges, aidé de Françoise.) Est-ce bien comme cela ?

L'ADJOINT, s'asseyant à la table.

C'est parfait... Merci, monsieur.

SCÈNE XXII

LES MÊMES, CARINDOL, MADAME CARINDOL, JULIETTE, ANDRÉ, DARDENBOIS, BOXOON et DUBOCHARD [1].

MADAME CARINDOL, pleurant.

Ah ! ma pauvre fille, ma pauvre fille !

Elle embrasse Juliette.

CARINDOL, à l'adjoint.

Ça va bien, cher ami ?

L'ADJOINT.

Très bien, merci.

MADAME CARINDOL, regardant ses gants qui sont trop grands.

Quels drôles de gants !

ANDRÉ, à Raoul.

Eh bien, qu'est-ce que tu vas faire ?

---

1. Boxoon, Dardenbois, Dubochard, l'adjoint, Carindol, madame Carindol, Juliette, André, Raoul. Madame Bassinet, Euphémie, Pigeonnette et Victoria gardent les positions indiquées plus haut. Françoise est au fond.

RAOUL.

Tu vas voir : si mon plan réussit, ton oncle ne saura
pas quel est celui de nous deux qui se marie ; on va lui
faire un de ces charivaris !...

L'ADJOINT.

Silence !

TOUS.

Chut !

L'ADJOINT.

Avant de commencer, voyez donc, mon cher Carindol,
si les noms des témoins sont bien exacts. On me les a fait
changer plusieurs fois et...

DUBOCHARD, à Dardenbois.

Il y a tellement de fruits que je suis obligé de faire
étayer mes arbres pour ne pas que les branches cas-
sent.

CARINDOL, qui a examiné les noms.

C'est bien cela.

L'ADJOINT.

Maintenant, qu'on ouvre toutes les portes !

CARINDOL.

Ça va faire un courant d'air.

L'ADJOINT.

La loi l'exige.

    Madame Bassinet, Pigeonnette, Euphémie, Victoria et Françoise
ouvrent chacune une porte, sur un signe de Carindol.

ANDRÉ, à part.

Je me meurs !

MADAME CARINDOL, pleurant.

Ah ! ma fille, ma pauvre fille !

L'ADJOINT.

Silence !

TOUS.

Chut !

L'ADJOINT.

Levez-vous ! (Tout le monde se lève.) Avant de procéder à la cérémonie du mariage, je vais vous donner lecture des actes relatifs aux droits et devoirs respectifs des époux.

CARINDOL, à sa fille.

Ecoute ça.

MADAME CARINDOL, pleurant.

Ma pauvre fille !

RAOUL, à part.

Elle va se noyer !

L'ADJOINT.

Silence !

TOUS.

Chut !

L'ADJOINT.

Asseyez-vous.

Tout le monde s'assied.

DUBOCHARD, entre ses dents.

C'était bien la peine de nous faire lever !

L'ADJOINT.

Art. 212. — Les époux se doivent mutuellement fidélité, secours, assistance...

DUBOCHARD.

Je la connais, celle-là : j'ai été marié trois fois. Ma première femme...

L'ADJOINT.

Silence !

TOUS.

Chut !

L'ADJOINT.

Art. 213. — Le mari doit protection à sa femme, la femme doit obéissance à son mari.

CARINDOL, à Juliette.

Tu entends?

L'ADJOINT.

Art. 214. — La femme est obligée d'habiter avec le mari et de le suivre partout où il juge à propos de résider. Le mari est obligé de la recevoir et de lui donner tout ce qui est nécessaire pour les besoins de la vie, selon ses facultés et son état... Art. 215. — La femme ne peut ester en jugement, sans l'autorisation de son mari... Art. 216. — La femme peut tester sans l'autorisation de son mari.

DUBOCHARD, se levant.

Voyons! Vous dites dans l'art. 215, que la femme ne peut pas tester, et dans l'art. 216, qu'elle peut tester. Il faudrait cependant s'entendre!

L'ADJOINT.

Monsieur, je lis ce qu'il y a.

DUBOCHARD.

Mais...

L'ADJOINT.

Silence !

TOUS.

Chut!

Dubochard se rassied.

L'ADJOINT.

Je vais poser les questions d'usage. Levez-vous.

DUBOCHARD, entre ses dents.

Encore!

Tout le monde se lève.

RAOUL, faisant des signes.

Hum! hum!

> A partir de ce moment, chaque fois que l'adjoint prononce le nom d'André, Euphémie frappe sur les carreaux de la fenêtre, Victoria plaque des accords sur le piano, Pigeonnette donne des coups de pied dans la plaque de la cheminée, et madame Bassinet tire le cordon de la sonnette. Françoise, dans le fond, fait tomber un tabouret, et Raoul tousse fortement, tout en tapant dans le dos d'André, qui dort et se réveille en souriant bêtement.

L'ADJOINT.

Monsieur Aristide... (Tapage allant crescendo.) Jean, Louis, Népomucène, André Dubochard, consentez-vous?...

DUBOCHARD, DARDENBOIS, CARINDOL, MADAME CARINDOL, parlant en même temps.

DUBOCHARD. — Taisez-vous donc!

DARDENBOIS. — On ne s'entend pas!

CARINDOL. — C'est infernal!

MADAME CARINDOL. — Un peu de silence!

BOXOON.

Yes!

L'ADJOINT, continuant.

A prendre pour femme et légitime épouse, mademoiselle Louise, Juliette Carindol?

RAOUL, poussant André à l'avant-scène.

Dis oui...

> Raoul fait un signe. Même bruit que précédemment, pendant qu'André fait la réponse.

ANDRÉ, d'une voix mourante.

Oui!

DUBOCHARD, DARDENBOIS, M. et MADAME CARINDOL et L'ADJOINT.

Silence donc! silence!

BOXOON.

Yes.

L'ADJOINT.

Le fiancé a-t-il répondu ?

RAOUL, vivement.

Oui, oui, parfaitement. (Bas, à André.) Ne dors pas, ne dors pas.

Il le fait revenir à sa place.

L'ADJOINT.

Je continue : mademoiselle Louise Juliette Carindol...

MADAME CARINDOL.

Ma pauvre fille !

CARINDOL.

Tais-toi donc !

L'ADJOINT, continuant.

Consentez-vous à prendre pour mari et légitime époux, (Tapage allant crescendo.) Monsieur Aristide, Jean, Louis, Népomucène, André Dubochard...?

DUBOCHARD, DARDENBOIS, M. et MADAME CARINDOL
et L'ADJOINT.

Silence! silence! silence!

BOXOON.

Yes.

L'ADJOINT.

Ce bruit est infernal. Je n'ai jamais vu un mariage pareil.

DUBOCHARD.

Ni moi non plus, et pourtant je me suis marié trois fois. Ma première femme...

CARINDOL.

Ah çà ! monsieur Boxoon, c'est vous qui faites tout ce bruit?

FRANÇOISE.

Mais non, monsieur, c'est des cochers qui se disputent dans la rue.

L'ADJOINT.

J'attends la réponse de la fiancée.

MADAME CARINDOL, pleurant.

Vas-y, ma fille, dis : oui.

JULIETTE.

Oui, maman.

L'ADJOINT.

Dites : oui, tout court.

JULIETTE.

Oui, tout court.

DUBOCHARD, ému.

Comme c'est imposant !

L'ADJOINT.

Très bien. Au nom de la loi, je déclare M. (Tapage allant crescendo.) Aristide, Jean, Louis, Népomucène, André Dubochard...

DUBOCHARD, DARDENBOIS, M. et MADAME CARINDOL,
et L'ADJOINT.

Silence donc ! silence !

BOXOON.

Yes.

L'ADJOINT.

Et mademoiselle Louise, Juliette Carindol unis par le mariage... Vous pouvez fermer les portes.

On ferme les portes, sauf celle du fond.

RAOUL, à part.

Ouf ! ça y est ! Et l'oncle Dubochard n'a rien entendu, ni rien vu.

L'ADJOINT.

Il n'y a plus qu'à signer.

Tout le monde se précipite et signe, sauf André, qui dort sur sa
chaise.

MADAME CARINDOL, regardant André.

Comment! il dort?

RAOUL, vivement.

C'est l'émotion, la chaleur, c'est... c'est nerveux. (Sou-levant André.) Allons! du courage! du courage! Va signer.

André va signer.

DUBOCHARD, à Raoul, pendant que le cortège se forme dans le fond.

Eh bien, vous êtes content! Vous v'là marié!

FRANÇOISE.

Madame, toutes les voitures sont en bas.

CARINDOL.

En route pour l'église!

Tout le monde sort, sauf Raoul, André et Dubochard.

RAOUL, à part.

Sapristi! je n'avais pas pensé à l'église!

ANDRÉ.

Ah!

RAOUL, à André qu'il soutient.

Filons! Je vais l'enfermer. (Au fond.) Venez-vous, mon-sieur Dubochard, venez-vous?

Il sort avec André et ferme la porte.

DUBOCHARD, courant au fond.

Voilà, voilà!... Allons, bon! Il m'a enfermé! Mariez-vous donc! En v'là un qui l'est depuis cinq minutes, et il est déjà fou!

Rideau.

ACTE TROISIÈME

A MONMOURON, CHEZ DUBOCHARD.

Une cour. — A droite, maison de campagne surélevée de quelques marches ;
dans le mur de la maison, faisant face au public, une fenêtre praticable ;
sous la fenêtre, un banc ; autour de la fenêtre, un cep de vigne avec très
peu de feuilles ; au-dessus de la maison, un chemin qui permet de la con-
tourner. — A gauche, un hangar fermé et, de chaque côté du hangar, un
chemin conduisant au potager. — Au fond, un grand mur blanc ; au milieu, une grille s'ouvrant sur la campagne ; sur la partie gauche du mur,
un pommier en espalier avec très peu de feuilles. — En scène, près de la
maison, une échelle double [1].

SCÈNE PREMIÈRE

DARDENBOIS, BOXOON, VICTORIA.

DARDENBOIS.

This is a fine morning! What do you think of taking
a little walk?

BOXOON.

Shall we have time before breakfast?

DARDENBOIS.

Oh! yes.

BOXOON.

Well, let us go for a little airing, it will sharpen our
appetite.

1. Tous les personnages qui paraissent dans cet acte sont en tenue
de campagne.

VICTORIA.

Ce n'était pas joli du tout, ce jardin.

DARDENBOIS.

Le fait est qu'il est d'une aridité!... Ce doit être ici que se trouve le genou de la terre. Et M. Dubochard qui me disait hier que la végétation était extraordinaire à Monmouron!

VICTORIA.

Allons dans le campagne courir après les papillons et cueillir des coquelicots.

DARDENBOIS.

C'est cela, allons dans la campagne. (A Boxoon.) Come! my dear.

BOXOON.

Yes.

Ils sortent par le fond.

SCÈNE II

DUBOCHARD, sortant doucement de la maison.

Si l'on m'avait dit avant-hier, lorsque je suis parti pour Paris, que je ramènerais avec moi, le lendemain, une noce tout entière, je crois que je n'aurais pas quitté Monmouron. Comment tous ces gens, que je ne connais pas, se trouvent-ils chez moi? — Je n'en sais rien : j'arrive à Paris, je vais chez mon neveu, je trouve chez lui un de ses amis qui se marie le lendemain, cet ami me prie d'être son témoin : j'accepte. Le mariage civil a lieu chez la future : j'y vais. Là, mon neveu me prie d'inviter celui-ci : je l'invite; puis, celui-là : je l'invite encore; et puis ceux-ci, et celles-là : j'invite toujours; tant et si bien qu'au bout d'une heure, j'avais, sans m'en apercevoir, invité toute la noce. L'adjoint arrive et marie les fiancés, puis on se

lève et l'on part pour l'église ; je veux partir comme les
autres, mais, sans que je sache encore comment, je me
trouve enfermé. Au bout d'une heure, la bonne me déli-
vre : je cours à l'église, tout le monde est parti ; alors, je
passe le reste de la journée à chercher la noce que, fina-
lement, je ne retrouve qu'à sept heures du soir à la gare
de Lyon. Je saute dans un wagon, la moitié de la noce
y saute avec moi et l'autre moitié dans les wagons voi-
sins. A dix heures trente-deux, le train arrive à Monmouron, avec quatre minutes de retard : je saute en bas du
wagon, la noce exécute le même mouvement, m'emboîte
le pas, me suit jusqu'à ma porte, envahit ma maison, se
distribue mes chambres, se partage mes matelas, et puis,
bonsoir, plus personne ! Tout le monde dort, excepté moi,
qui ne peux m'empêcher de la trouver mauvaise. (Changeant de ton.) Pourtant une chose me console, c'est que je
vendrai certainement ma bicoque à l'un ou à l'autre de
mes invités, et puis, en wagon, il m'est venu une idée au
sujet de mon coquin de neveu ; une idée qui... Mais occupons-nous de la maison, d'abord... Nous songerons à
André ensuite. Voyons, aucun de mes hôtes n'est encore
levé : il s'agit de tout préparer avant leur réveil. (Réflé-
chissant.) Si je... non... il vaut mieux... oui, c'est cela... Ce
sont des Parisiens : ils n'y verront que du feu. Dépêchons-
nous, dépêchons-nous !

Il sort en courant par le fond.

SCÈNE III

MADAME BASSINET, EUPHÉMIE.

MADAME BASSINET, sortant de la maison.

Viens, Phémie, viens jouir des beautés de la nature.

EUPHÉMIE, avec humeur.

Nous aurions pu en jouir plus tard, des beautés de la
nature ! Il est six heures du matin et personne n'est levé.

MADAME BASSINET.

Tant mieux! car j'ai à te parler.

EUPHÉMIE.

Ah?

MADAME BASSINET, d'une voix grave.

Euphémie!

EUPHÉMIE.

Maman?

MADAME BASSINET.

T'expliques-tu tout ce qui nous arrive depuis hier? De-
vines-tu pourquoi nous avons été invitées à la noce de
M. André?... Enfin, sais-tu pourquoi nous sommes aujourd'hui à Monmouron?

EUPHÉMIE.

Dame, quand M. André nous a invitées à sa noce, j'ai
d'abord cru que c'était pour aider au service, mais ensuite...

MADAME BASSINET.

Mais ensuite?

EUPHÉMIE, d'un air tragique.

C'est mon secret!

MADAME BASSINET.

Eh! bien, moi, qui n'ai pas de secret, je vais te dire
toute ma pensée : c'est Dardenbois, l'oncle du jeune
Raoul, qui nous a fait inviter.

EUPHÉMIE.

Qui peut te faire supposer?...

MADAME BASSINET.

Ne t'ai-je pas dit hier que je le soupçonnais d'être
l'homme à la tête de singe?

EUPHÉMIE.

Oui! eh bien?

MADAME BASSINET.

Eh bien! aujourd'hui, j'en suis sûre. C'est lui! Notre présence ici en est la preuve.

EUPHÉMIE, à part.

Elle est la preuve que Raoul m'aime!

MADAME BASSINET.

Qu'est-ce que tu dis?

EUPHÉMIE.

Je dis, maman, que tu te trompes, que ce n'est pas M. Dardenbois qui nous a fait inviter, et que je voudrais voir enfin cette malheureuse tête de singe sortir de la tienne. Je suis lasse d'en entendre parler.

MADAME BASSINET.

Avant une heure, je saurai la vérité!

EUPHÉMIE.

Soit! mais, pour le moment, n'en parlons plus et allons faire un tour dans le potager, car ici ça manque d'ombrage.

MADAME BASSINET.

En effet, on se croirait au Champ de Mars.

EUPHÉMIE, se dirigeant vers la gauche.

Par ici, maman, par ici!

MADAME BASSINET, à part.

Je saurai la vérité.

Elles sortent par le premier plan à gauche.

SCÈNE IV

DUBOCHARD, puis BAPTISTE.

DUBOCHARD, entrant du fond, les bras chargés de
pots de fleurs et traînant des branches d'arbres.

Ouf! (Il se débarrasse de ce qu'il porte.) Personne n'est en-

core réveillé? (Il regarde autour de lui.) Non. Tout va bien.
(Allant frapper au hangar.) Baptiste, Baptiste!

BAPTISTE, à la porte du hangar.

Monsieur m'appelle ?

DUBOCHARD.

Oui, avez-vous fait les crochets ?

BAPTISTE.

Oui, monsieur, j'en ai fait cent cinquante. Voilà mon
dernier bout de fil de fer.

DUBOCHARD.

Bien! Apportez-les ici, ainsi que le panier que j'ai rapporté de Paris hier.

BAPTISTE.

Bien, monsieur.

Il rentre dans le hangar.

DUBOCHARD, seul.

J'ai dit au Carindol et aussi à M. Dardenbois que mon
jardin était en plein rapport ; il a donc fallu que...

BAPTISTE, apportant un grand panier.

Voici le panier, monsieur.

DUBOCHARD.

Très bien, posez-le là. Maintenant, mettez l'échelle le
long de la maison, là, du côté de la vigne.

BAPTISTE.

Elle y est, monsieur.

DUBOCHARD, lui donnant une corbeille qu'il retire du
panier.

Parfait! Prenez cette corbeille et accrochez le raisin qui
est dedans aux branches, en ayant soin de distancer les
grappes, de façon à ce que cela ait l'air...de ne pas avoir
l'air.

BAPTISTE, montant à l'échelle.

C'est une drôle d'idée que monsieur a là.

DUBOCHARD.

Je n'en ai que de comme ça. Allons, dépêchez-vous !
Moi, je vais accrocher les poires et les pommes.

BAPTISTE, sur l'échelle.

Au moins, que monsieur m'explique !...

DUBOCHARD.

Vous ne comprenez pas ?

BAPTISTE.

Non.

DUBOCHARD.

C'est pourtant bien simple : j'aime beaucoup les animaux : je crois même, Baptiste, vous en avoir souvent
donné la preuve ; je fais partie de la société qui les pro-
tège ; or, il vient beaucoup d'oiseaux dans mon jardin et
comme il n'y pousse pas un fruit, les pauvres petites
bêtes crèvent de faim... Alors j'ai eu l'idée...

BAPTISTE.

Monsieur est un ange de bonté.

DUBOCHARD.

Je ne suis pas un ange : j'ai pitié de mon prochain,
voilà tout ! Accrochez votre raisin ; moi, je vais garnir
mes espaliers.

SCÈNE V

Les Mêmes, ANDRÉ.

ANDRÉ, sur le seuil de la maison.

Qu'est-ce que vous faites donc là, mon oncle ?

DUBOCHARD, lui faisant des signes.

Chut ! (Changeant de ton.) As-tu bien dormi ?

ANDRÉ, s'oubliant.

Dormir!... Est-ce que l'on dort la première nuit de... ?

DUBOCHARD.

Hein?

ANDRÉ, se reprenant.

La première nuit que l'on passe à la campagne. (Changeant de ton.) Mais vous ne me dites toujours pas ce que vous faites là !

DUBOCHARD.

Silence! je pare ma marchandise.

ANDRÉ, surpris.

Comment?

DUBOCHARD.

Je donne de l'œil à ma propriété. Ne vois-tu pas comme c'est inculte et aride? Pas un fruit, pas un légume, pas un brin de verdure. Si M. Carindol ou M. Dardenbois, qui ont envie, l'un et l'autre, d'acheter cette maison, voyaient le jardin dans un état pareil, ils n'en voudraient certainement pas; alors je tâche, avant qu'ils soient levés, de...

ANDRÉ.

Je comprends.

DUBOCHARD.

Ce n'est pas malheureux. Tiens, aide-moi à planter ces arbustes et à disposer ces fleurs.

ANDRÉ.

Volontiers, mon oncle.

Il aide son oncle à disposer le long du hangar les branches qu'il a apportées.

DUBOCHARD.

Le jeune marié n'est pas réveillé?

ANDRÉ, surpris.

Le jeune marié?

DUBOCHARD.

Ton ami Raoul?

ANDRÉ, se remettant.

Ah! oui... je ne sais pas, je vais voir... si vous voulez.

DUBOCHARD, tout en plantant ses arbustes.

Non, non, au contraire, je suis bien aise de me trouver seul avec toi, car j'ai à te parler.

ANDRÉ.

Ah?

BAPTISTE, sur l'échelle.

Il faut accrocher tout ce qu'il y a dans le panier, monsieur?

DUBOCHARD, à Baptiste.

Oui, oui, tout. (A André.) André, qu'est-ce que tu dirais si je te procurais une grande joie?

ANDRÉ, très naturellement.

Je dirais que c'est la première, mon oncle.

DUBOCHARD.

Tu aurais peut-être raison... J'ai beaucoup réfléchi, André : voilà cinq ans que tu me demandes la permission de te marier, et j'ai toujours refusé, dans ton intérêt... Je me suis marié trois fois : ma première femme...(Changeant de ton.) Bref, passons.. Je m'aperçois aujourd'hui que mes refus successifs t'ont navré. Tu es malheureux d'être garçon. En somme, tu as la Bible pour toi, la Bible qui dit que l'homme ne doit pas rester seul : Croissez et multipliez. Donc je consens à ce que tu croisses et multiplies. (Changeant de ton.) Passe-moi le pot qui est là.

ANDRÉ, agitant joyeusement un pot de fleurs.

Est-ce bien vrai, mon oncle, vous consentez...? Ah! quelle joie! Voilà le pot.

DUBOCHARD, prenant le pot.

Oui, je consens... Qu'est-ce que tu risques? rien. Tu souffres de n'être pas marié? En admettant que tu souffres lorsque tu le seras, ta situation sera la même. Il reste donc la chance que tu sois heureux en ménage : faible espoir, il est vrai, et dont la réalisation serait plus qu'incertaine, si tu épousais une petite dinde comme la femme de ton ami Raoul.

ANDRÉ, à part.

Il veut m'en faire épouser une autre? (Haut.) Mais, mon oncle, Juliette n'est pas une dinde.

DUBOCHARD.

Mettons une oie.

ANDRÉ, avec emportement.

Mon oncle... on n'insulte pas ses hôtes!

DUBOCHARD.

Qu'est-ce que ça peut te faire?

ANDRÉ, à part.

Ça se complique.

BAPTISTE, à part, en mangeant du raisin.

Il est rudement juteux.

DUBOCHARD.

Celle que je te destine n'est pas une de ces poupées malingres et chétives telles que la bourgeoisie parisienne en enfante journellement... C'est une fière enfant, élevée librement, au soleil de la libre Amérique, au milieu de ces forêts qui semblent dire aux jeunes filles : Restez vierges comme nous !

ANDRÉ.

Miss Victoria?...

DUBOCHARD.

Oui, miss Victoria, dont j'ai pu apprécier les grandes

qualités hier, en wagon, et, dont le père possède une fortune... inappréciable.

ANDRÉ.

Mais, mon oncle... (A part.) Quel pétrin, mon Dieu!

DUBOCHARD.

Je t'ai fait connaître mes sentiments : il ne te reste plus qu'à te faire agréer de cette jeune fille et à l'épouser. Si tu n'y réussis pas, tout est fini entre nous.

ANDRÉ.

Mais, mon oncle, c'est impossible; d'abord je serai malheureux en ménage, j'en suis sûr. — Rappelez-vous vos trois femmes.

DUBOCHARD.

J'aime mieux les oublier.

ANDRÉ.

Songez, songez que, depuis que je suis nubile, vous me menacez de me déshériter si je me marie, que je me suis habitué au célibat auquel vous m'avez condamné, et que je ne peux pas, comme ça, tout d'un coup...

DUBOCHARD, l'interrompant.

Ah! tu m'ennuies à la fin! Quand je ne voulais pas que tu te maries, tu le voulais! et maintenant que je le veux, tu ne le veux plus? Prends-tu ton oncle pour une toupie?

ANDRÉ.

Mais...

DUBOCHARD, furieux.

Silence! J'ai dit, j'ai dit, j'ai dit.

ANDRÉ, s'inclinant.

Soit! (A part, en sortant.) Je vais rejoindre Juliette, ma petite femme, l'enlever, et fuir avec elle au bout du monde! J'en ai assez, j'en ai assez!

Il rentre dans la maison.

SCENE VI

DUBOCHARD, BAPTISTE, puis PIGEONNETTE.

BAPTISTE, descendant de l'échelle.

J'ai fini, monsieur.

DUBOCHARD.

Eh bien, prenez le bocal qui est dans le fond du panier, ouvrez-le, et allez planter dans le potager ce qu'il y a dedans.

BAPTISTE, à genoux devant le panier et prenant le bocal.

Ce sont des anchois ! Vous voulez que je plante des anchois?

DUBOCHARD.

Ce sont des cornichons.

BAPTISTE, qui a ouvert le bocal.

Tiens ! c'est vrai, mais ils sont conservés.

DUBOCHARD.

C'est pour qu'ils durent plus longtemps. (A part.) Les Carindol aiment les cornichons frais... J'aurais beau leur expliquer que ce n'est pas la saison... (Haut.) Allez, Baptiste.

BAPTISTE.

Attendez ! Il y a encore là quelques grappes de raisin qui ont glissé de la corbeille.

DUBOCHARD, vivement.

Accrochez, accrochez! Il faut que la treille craque... (Baptiste remonte à l'échelle, et Dubochard traîne le panier près de l'espalier qui est au fond.) Voyons, est-ce un poirier ou un pommier?... Cet animal-là n'a jamais rien rapporté, de sorte que... Bah! je vais toujours mettre des poires.

Il accroche des poires à l'espalier.

PIGEONNETTE, sortant de la maison, et descendant en scène sans voir Dubochard et Baptiste.

Pour que l'oncle d'André, que je ne connais que depuis hier, m'ait fait inviter par son neveu à venir chez lui à la campagne, il faut que... Serait-ce le mari que l'on me destine? Quand j'ai parlé de mon mariage hier à M. Carindol, il avait un air mystérieux qui m'a frappée, et... Au fait, pourquoi pas?... M. Dubochard est jeune encore, il est veuf et peut-être... (Apercevant Dubochard.) Justement, le voici... (A Dubochard.) Bonjour, monsieur.

DUBOCHARD, se levant vivement.

Comment! madame, levée si tôt! après une journée si fatigante?

PIGEONNETTE.

Oui, j'ai voulu respirer l'air embaumé du matin.

DUBOCHARD.

Il n'aura jamais été respiré par une plus jolie bouche, l'air embaumé du matin.

PIGEONNETTE, minaudant.

Ah! monsieur...

BAPTISTE, sur l'échelle et mangeant du raisin.

Est-il juteux, est-il juteux!

PIGEONNETTE, apercevant Baptiste.

Tiens! que fait donc là votre domestique? Il accroche du raisin?

DUBOCHARD, vivement.

Non, non, au contraire... il en décroche. (Se reprenant.) Il en cueille pour notre déjeuner. (A Baptiste.) Baptiste, descendez, prenez le panier qui est là-bas, et allez dans le potager... continuer votre travail.

BAPTISTE, descendant.

Bien, monsieur.

DUBOCHARD, bas.

N'oublie pas les cornichons.

Baptiste sort par le deuxième plan de gauche, en emportant le panier.

PIGEONNETTE, à part.

Il renvoie son domestique pour être seul avec moi.

SCÈNE VII

DUBOCHARD, PIGEONNETTE.

PIGEONNETTE.

Votre propriété est délicieuse, monsieur.

DUBOCHARD, modestement.

Ah! vous exagérez.

PIGEONNETTE.

Non, je n'exagère pas, et je souhaiterais vivre ici toujours.

DUBOCHARD.

Vous aimez la campagne?

PIGEONNETTE.

Je l'adore. C'est si beau, la verdure, les arbres, les fleurs, les oiseaux!

DUBOCHARD.

Vous avez tout cela à Paris.

PIGEONNETTE.

Où ça?

DUBOCHARD.

Dans les squares.

PIGEONNETTE.

Ah! ne me parlez pas des squares : un terrain de dix mètres carrés, dont cinq ou six mètres peints en vert pour
figurer le gazon; une douzaine d'arbres en zinc; deux ou
trois corbeilles de fleurs en papier; par ci par là quelques
oiseaux empaillés et à mécanique qu'un ancien garde
national vient remonter de temps en temps, et, dans tous
les coins, un écriteau avec ces mots : On est prié de ne pas
toucher. C'est insupportable! — Tandis que la campagne,
la vraie campagne, comme... celle-ci, par exemple...

DUBOCHARD.

Ah! dame, ici, c'est la nature.

PIGEONNETTE, avec emphase.

Oui, dans toute sa splendeur et sa simplicité.

DUBOCHARD.

Ainsi, Monmouron vous plaît?

PIGEONNETTE.

J'en raffole.

DUBOCHARD.

Et ma propriété est de votre goût?...

PIGEONNETTE.

Absolument.

DUBOCHARD.

Eh bien, il ne tient qu'à vous de l'habiter.

PIGEONNETTE, à part.

Nous y voilà.

DUBOCHARD.

Achetez-la.

PIGEONNETTE.

Hein?

DUBOCHARD.

Elle est à vendre : Trente-cinq mille francs. (A part.)

Tant pis ! je l'augmente de cinq mille. (Haut.) Mais, dépêchez-vous d'en parler à votre mari, si vous en avez un, parce que...

PIGEONNETTE, sèchement.

Je n'ai pas de mari.

DUBOCHARD.

Vous êtes veuve?

PIGEONNETTE, même jeu.

Je ne suis pas veuve.

DUBOCHARD.

Demoiselle, alors?

PIGEONNETTE, même jeu.

Entre les deux, monsieur.

DUBOCHARD.

Eh bien, restez-y, parce que le mariage...

PIGEONNETTE, à part.

Ce n'est pas lui qu'on me destine! Mais alors... qui donc ?

Elle remonte vers le fond.

DUBOCHARD, à part.

Total : Trois acquéreurs ! Je la vendrai.

SCÈNE VIII

LES MÊMES, CARINDOL, MADAME CARINDOL.

DUBOCHARD, à Carindol, qui sort de la maison avec sa femme.

Bonjour, cher monsieur. Avez-vous passé une bonne nuit?

CARINDOL.

Excellente.

DUBOCHARD, à madame Carindol.

Et vous, madame?

MADAME CARINDOL.

Oh! moi, atroce! (En pleurant.) Une mère dort mal la nuit des noces de sa fille!

DUBOCHARD, à part.

Ah? (A Carindol.) Eh bien! avez-vous jeté un petit coup d'œil dans l'intérieur?... Cela vous va-t-il?

CARINDOL.

Mon Dieu, c'est gentil, mais nous trouvons, ma femme et moi, que c'est un peu cher.

DUBOCHARD.

Comment, quarante mille francs!... Mais c'est pour rien. (A part.) Trois acquéreurs!... J'augmente de dix mille.

CARINDOL.

Pardon, mais hier, vous nous avez dit trente mille.

DUBOCHARD.

Non, non, j'ai dit quarante.

MADAME CARINDOL.

Je vous assure...

DUBOCHARD, l'interrompant.

Mais regardez donc comme c'est bâti! Tout en pierre de taille et couvert en ardoises; quatre pièces en bas et cinq en haut. Et puis, c'est compris comme architecture: le grenier est sous le toit, la cave sous la maison, le premier étage au-dessus du rez-de-chaussée, et le rez-de-chaussée sous le premier étage! Trouvez-moi donc beaucoup de maisons aussi bien distribuées!

CARINDOL.

Le fait est que comme architecture...

DUBOCHARD.

Des placards partout et une treille!... Examinez-moi cette treille : elle craque sous le poids des grappes.

8.

CARINDOL, examinant la treille.

Elle craque, c'est vrai, on l'entend craquer.

MADAME CARINDOL.

Oh! très curieux!... Du raisin noir et du raisin blanc sur la même branche.

DUBOCHARD, à part.

Fichtre! (Haut.) Je vais vous dire... c'est que... dans ce pays-ci, la terre est très mélangée et alors...

CARINDOL.

Montrez-nous donc le bassin... avec le jet d'eau.

MADAME CARINDOL, vivement.

Oh! oui, montrez-nous le bassin. Est-ce qu'il y a un cygne, des petits poissons rouges?

DUBOCHARD, embarrassé.

Pas pour le moment, parce que je vais vous dire... Il me bassinait, le bassin... il me rappelait ma dernière femme qui avait la manie d'y prendre des bains de pied... Ça a fait mourir tous les poissons et le cygne aussi... un bien bon cygne, allez!... Alors, je l'ai fait boucher.

CARINDOL.

Le cygne?...

DUBOCHARD.

Non, le bassin. Mais je peux vous montrer la place où il se trouvait... Tenez, c'est là, dans le potager.

CARINDOL.

Allons dans le potager.

DUBOCHARD.

Allons dans le... (A part.) Diable! pourvu que Baptiste ait fini d'accrocher. (A madame Carindol.) Par ici, madame.

MADAME CARINDOL, sortant par le premier plan à gauche.

Pardon, monsieur.

Dubochard la suit.

PIGEONNETTE, arrêtant Carindol.

Deux mots, monsieur.

CARINDOL.

Tiens! c'est vous, madame?

PIGEONNETTE, vivement.

Oui, c'est moi : vous vous rappelez notre conversation d'hier?

CARINDOL.

A propos de votre mari?... Parfaitement.

PIGEONNETTE.

Eh bien, où est-il?

CARINDOL.

Où il est? (Montrant Raoul qui sort de la maison.) Mais le voilà, parbleu!

Il sort par le premier plan.

PIGEONNETTE, portant la main à son cœur.

Raoul!... c'est Raoul!

SCÈNE IX

PIGEONNETTE, RAOUL.

PIGEONNETTE, tendrement.

Comment! c'est vous! c'est toi!... (Changeant de ton.) Eh bien, je m'en doutais.

RAOUL, ahuri.

Hein? quoi? comment? qu'est-ce que vous dites?

PIGEONNETTE.

Je dis que je m'en doutais, je dis que j'avais pressenti, que j'avais deviné votre amour.

RAOUL.

Mon amour?

PIGEONNETTE.

Ah! ne me cachez pas plus longtemps la vérité : M. Carindol, à qui j'ai fait part hier de mes projets de mariage, vient de me dire à la minute en vous montrant : Voilà votre mari. Qu'est-ce que cela veut dire, sinon que vous voulez m'épouser?

RAOUL, à part.

Ça continue.

PIGEONNETTE, se jetant dans ses bras.

Ah! je vous rendrai bien heureux, va !

RAOUL, à part.

Ne la désabusons pas : elle ferait du scandale ! (Haut.) Eh bien ! oui, Pigeonnette, je vous aime et vous serez ma femme, mais, de grâce, que cet amour reste secret quelque temps encore... Il faut que j'en instruise mon oncle et...

PIGEONNETTE.

Sois tranquille, je me tairai. Embrasse-moi !

RAOUL, l'embrassant.

Volontiers. (A part.) Quelle situation !

SCÈNE X

LES MÊMES, DARDENBOIS, BOXOON.

DARDENBOIS, entrant par le fond.

Ah! mon neveu, bonjour. Où est ta petite femme?

RAOUL, embarrassé.

Mais... vous la verrez bientôt... mon oncle.

PIGEONNETTE, à part.

Sa petite femme! Il sait tout! (Bas, à Raoul.) Alors, présente-moi tout de suite.

RAOUL, bas, à Pigeonnette.

Non, plus tard. Va dans le potager, je te rejoins.

PIGEONNETTE, même jeu.

J'y vais dans le potager, ô mon Raoul!

Elle sort par la gauche, deuxième plan.

DARDENBOIS, qui est remonté dans le fond.

Ah! c'est incroyable!

BOXOON.

Yes.

RAOUL.

Quoi donc?

DARDENBOIS.

Quand nous sommes passés par ici ce matin, il n'y avait pas plus de fruits ni de feuilles que sur ma main, et maintenant il y a des feuilles et des fruits partout!

RAOUL.

Vous avez sans doute mal regardé.

BOXOON, au fond.

Aoh! it is ixtraordinary!

RAOUL.

Quoi?

DARDENBOIS, allant au fond.

En effet des poires sur un pommier.

RAOUL, remontant.

Pas possible!

SCÈNE XI

LES MÊMES, MADAME BASSINET, EUPHÉMIE.

MADAME BASSINET, entrant par la gauche, premier plan,
et mangeant un cornichon.

Etonnant, étonnant!

EUPHÉMIE, même jeu.

Renversant!

DARDENBOIS et RAOUL, descendant en scène.

Qu'y a-t-il?

MADAME BASSINET.

Figurez-vous que dans ce pays-ci, messieurs, les cornichons poussent tout conservés. (A Dardenbois.) Goûtez.

DARDENBOIS, goûtant le cornichon en faisant la grimace.

C'est vrai.

RAOUL, même jeu.

En effet.

BOXOON, même jeu.

Yes.

RAOUL.

On les arrose peut-être avec du vinaigre.

DARDENBOIS.

Je n'ai jamais vu une végétation pareille, même au
Canada.

MADAME BASSINET, bas, à Dardenbois.

Dites donc, monsieur Dardenbois, venez avec moi dans
le potager : nous parlerons de lui.

DARDENBOIS, même jeu.

De qui?

MADAME BASSINET. même jeu.

De l'homme à la tête de singe.

DARDENBOIS, haut, et montrant Euphémie.

Volontiers, mais donnez-moi le temps d'embrasser ma chère fille...

MADAME BASSINET, à part.

Il l'a appelée sa fille ! Chère tête !

DARDENBOIS, embrassant Euphémie.

Ou plutôt ma chère nièce.

EUPHÉMIE, à part.

Il m'a appelée sa nièce ?

DARDENBOIS, à madame Bassinet.

Votre bras !... (A Boxoon.) Suivez-nous, Boxoon.

BOXOON.

Yes.

> Dardenbois, Boxoon et madame Bassinet sortent par la gauche, deuxième plan.

SCÈNE XII

RAOUL, EUPHÉMIE, puis BAPTISTE.

EUPHÉMIE.

Ainsi, je ne m'étais pas trompée, vous m'aimez ?

RAOUL, à part.

Hein ? quoi ? comment ? encore ?

EUPHÉMIE.

Ne cherchez plus à me dissimuler votre amour : votre oncle vient de m'appeler sa nièce... N'est-ce pas la preuve que vous lui avez dit que vous m'aimez et que vous voulez m'épouser ?

RAOUL, embarrassé.

C'est une preuve sans en être une. (A part.) Diable! ne la désillusionnons pas... elle demanderait des explications à tout le monde. (Haut.) Eh bien ! oui, c'est vrai, je vous aime et vous serez ma femme ; mais, je vous en supplie, que la chose reste secrète pendant quelque temps encore, à cause...

EUPHÉMIE, l'interrompant.

De la tête de singe?

RAOUL.

Oui, justement. (A part.) Je ne sais pas ce qu'elle veut dire, mais ça ne fait rien.

EUPHÉMIE.

Je me tairai... Embrassez-moi.

RAOUL, l'embrassant.

Volontiers ! (A part.) Quelle situation ! quelle situation !

BAPTISTE, entrant par le deuxième plan de gauche.

Pardon, je n'ai rien vu.

Il rentre dans la maison, et Euphémie se sauve par le premier plan de gauche.

SCÈNE XIII

RAOUL, seul et arpentant le théâtre.

Non, je crois que je vais devenir enragé! J'ai assisté à plus d'un mariage dans ma vie, mais jamais... (Changeant de ton.) Si je me sauvais!... Non, je ne peux pas laisser ce pauvre André dans un pétrin pareil : il n'en sortirait pas. D'ailleurs il n'y a plus qu'à patienter : dans quelques heures tout le monde reprendra le train pour Paris ; André laissera son oncle ici ; moi, je renverrai le mien au Canada et nous serons sauvés, mais cela n'aura pas été sans peine... (Regardant au fond.) Tiens ! la petite Américaine qui court les champs ! Est-elle assez jolie, et gracieuse, et leste !... Je vais la rejoindre : cela me changera les idées.

Il sort en courant.

SCÈNE XIV

ANDRÉ et JULIETTE, à la fenêtre, puis DUBOCHARD.

JULIETTE.

Mais pourquoi voulez-vous partir? C'est très gentil ici?...

ANDRÉ, embarrassé.

C'est que... c'est que je voudrais vous avoir à moi tout seul, Juliette, afin de pouvoir vous dire, sans témoins, que je vous aime, que je vous adore.

JULIETTE, regardant dans le jardin.

Mais il n'y a personne ici que moi, qui vous écoute et suis heureuse de vous entendre. Parlez, André, parlez encore, dites-moi, jurez-moi que vous m'aimez, que vous m'aimerez toujours.

ANDRÉ, la serrant dans ses bras et l'embrassant.

Oui... toujours, toujours !

DUBOCHARD, venant par la gauche, premier plan.

Si je n'avais pas aidé cet animal de Baptiste, il n'en aurait pas fini. (Apercevant André et Juliette.) Ah ! (André et Juliette disparaissent en poussant un cri.) Mon neveu avec la femme de son ami !... et il l'embrasse !... Déjà !... Ah ! c'est trop fort !

Il monte sur le banc qui est devant la fenêtre. Pendant ce temps, André et Juliette sortent de la maison.

ANDRÉ, bas, à Juliette en l'entraînant vers la gauche.

Par ici ! (La ramenant vers la grille du fond.) Non, par là. (Voulant la faire passer par derrière la maison.) Non, de ce côté

9

JULIETTE.

Mais...

ANDRÉ.

Chut! venez, venez.

Ils disparaissent par la droite, deuxième plan.

SCÈNE XV

DUBOCHARD, DARDENBOIS.

DARDENBOIS, venant du potager.

Je ne sais pas du tout ce qu'elle veut dire avec sa tête de singe et... (Apercevant Dubochard.) Tiens! qu'est-ce que vous faites donc là?

DUBOCHARD.

Chut! Je viens de surprendre à l'instant mon coquin de neveu en train d'embrasser la femme du vôtre, là, à cette fenêtre.

Il descend en scène.

DARDENBOIS.

La femme de Raoul?

DUBOCHARD.

La femme de Raoul.

DARDENBOIS.

Et il est marié d'hier!

DUBOCHARD.

Et il est marié d'hier... Ah! j'en ai vu bien d'autres !... Je me suis marié trois fois : ma première femme...

DARDENBOIS.

C'est incroyable!

DUBOCHARD.

C'est pourtant comme je vous le dis; ma première femme...

DARDENBOIS, avec humeur.

Mais, je ne parle pas de votre femme, je parle de votre neveu.

DUBOCHARD.

Ah! soyez tranquille, je vais le molester d'importance, puis je vous amènerai la petite, et nous la ferons filer immédiatement avec son mari. Voyons : ils ont dû sortir de la maison pendant que j'étais à la fenêtre. (Regardant à gauche.) Ils ne sont pas là. (Regardant au fond.) Par ici non plus, (Montrant la droite.) De ce côté, sans doute. (A Dardenbois.) Attendez-moi.

Il sort par la droite.

SCÈNE XVI

DARDENBOIS, puis CARINDOL.

DARDENBOIS, seul.

Eh bien! elle ne va pas mal, la petite Bassinet! Pauvre Raoul! S'il savait que sa femme le trompe, lui qui a l'air de tant l'aimer!... Ah! Euphémie, Euphémie, c'est bien mal!

CARINDOL, venant du potager.

Vous n'avez pas vu mon gendre?

DARDENBOIS.

Ah! il est gentil, votre gendre ! M. Dubochard vient de le surprendre en train d'embrasser la femme de mon neveu.

CARINDOL.

Comment! Le lendemain même de son mariage! ah!

le misérable ! le misérable ! Et dire que je lui ai donné ma fille !

DARDENBOIS.

Ne récriminons pas, monsieur Carindol, ce n'est pas le moment. Allons chercher l'épouse coupable : nous verrons ensuite ce que nous avons à faire. (Allant vers la gauche, deuxième plan.) Je vais par ici. (Montrant la gauche, premier plan.) Allez par là. (A part.) Ah ! Euphémie !

Il sort par la gauche, deuxième plan.

CARINDOL, seul.

C'est incommensurable, et pourtant, je me doutais que cette Pigeonnette trompait son mari. Mais je n'aurais jamais supposé que ce fût avec André, avec mon gendre, et que celui-ci oserait, le lendemain même de son mariage... Ah ! Pigeonnette ! Pigeonnette !...

Il sort par la gauche, premier plan. On aperçoit, à travers la grille du fond, Raoul et Victoria qui se tiennent enlacés. Victoria a des fleurs des champs dans les cheveux et au corsage, et en porte une gerbe dans les bras. Raoul a les mêmes fleurs à la boutonnière et au chapeau.

SCÈNE XVII

RAOUL, VICTORIA.

VICTORIA.

Ainsi, c'était bien vrai?

RAOUL.

C'est bien vrai.

VICTORIA.

Vous aimez moi d'amour ?

RAOUL.

Oui, je vous aime, je vous adore.

VICTORIA.

Et ce sera toute l'éternité le même chose?

RAOUL, tombant à ses genoux.

Oui, toujours, je vous le jure.

VICTORIA.

Ah! ne jurez pas, ce n'était pas la peine; je vais savoir
si vous m'aimez véritablement... Ne bougez plus !
Elle détache de sa ceinture une espèce de réveille-matin.

RAOUL, surpris.

Qu'est-ce que c'est que ça?

VICTORIA.

Un cardiomètre : petit instrument inventé par un de
mes compatriotes pour compter les battements du cœur
et se rendre compte de l'intensité de l'amour qu'un
homme déclare éprouver pour une femme. (Elle lui met
l'instrument sur le cœur.) Ne bougez pas ! (Comptant.) Dix...
vingt... quarante... quatre-vingts...

RAOUL, inquiet.

Etes-vous sûre qu'il marche bien, votre instrument?

VICTORIA.

Taisez votre bouche! (Comptant.) Cent... cent dix... cent
vingt degrés... cinq dixièmes! vous m'aimez!

RAOUL, lui baisant les mains.

Oh! oui, je vous aime!
Au moment où Raoul, à genoux devant Victoria, lui baise les
mains, Dubochard entre avec Juliette par le deuxième plan de
droite, Carindol avec Pigeonnette par le premier plan de gauche, et Dardenbois avec Euphémie par le deuxième plan de
gauche.

SCÈNE XVIII

LES MÊMES, DUBOCHARD, DARDENBOIS, CARINDOL,
JULIETTE, EUPHÉMIE, PIGEONNETTE, puis
MADAME CARINDOL.

DUBOCHARD, DARDENBOIS, CARINDOL, apercevant Raoul aux
pieds de Victoria.

Lui aussi, il trompe sa femme !

EUPHÉMIE et PIGEONNETTE.

Ah ! le monstre !

RAOUL, à part, en se levant.

Mes trois femmes ! Je suis pincé.

DUBOCHARD, DARDENBOIS, CARINDOL, à Raoul.

Il faut partir à l'instant même avec madame.

Chacun d'eux montre celle qu'il tient par la main.

CARINDOL, à Dubochard.

Ah ça ! voyons, vous êtes fou : monsieur n'est pas marié avec ma fille, puisqu'il est marié... avec madame.

Il montre Pigeonnette.

DARDENBOIS.

Pardon, pardon, c'est avec madame qu'il est marié.

Il montre Euphémie.

RAOUL, à part.

Ça va se gâter.

DUBOCHARD.

Trois femmes pour un mari !

CARINDOL.

Il est polygame !!

DARDENBOIS.

Le polisson !!!

TOUS.

Mais... dites-nous... expliquez-nous...

DUBOCHARD.

Voyons, ne nous embrouillons pas. Il y a quelque
chose là-dedans qui n'est pas clair. (A Raoul.) De qui êtes-
vous le mari? Vous devez le savoir, fichtre!

DARDENBOIS et CARINDOL.

Oui, tu dois
Vous devez le savoir.

RAOUL.

De personne... (Regardant Victoria.) pour le moment. .

PIGEONNETTE, vivement.

Mais monsieur m'a promis de m'épouser.

EUPHÉMIE, même jeu.

Pardon, madame, c'est à moi qu'il l'a promis.

DARDENBOIS.

Jè m'y perds.

CARINDOL.

Moi aussi.

MADAME CARINDOL, entrant.

Qu'y a-t-il donc?

DUBOCHARD.

Qu'est-ce que tout cela veut dire?

SCÈNE XIX

LES MÊMES, ANDRÉ.

ANDRÉ.

Cela veut dire, mon oncle, que vous pouvez me déshériter, car je suis marié.

Il présente Juliette à son oncle.

DUBOCHARD.

Avec mademoiselle?... Ah! mais alors, je ne te déshérite plus.

Il embrasse Juliette.

DARDENBOIS, à Raoul.

Mais alors, tu es toujours célibataire, toi, gredin?

RAOUL.

Oui, mon oncle, mais je ne demande qu'à ne plus
l'être.

Il va à Victoria.

VICTORIA.

Cent vingt degrés cinq dixièmes.

PIGEONNETTE et EUPHÉMIE, se tenant la main.

Adieu, nos illusions !

SCÈNE XX

LES MÊMES, MADAME BASSINET, puis BAPTISTE,
puis BOXOON.

MADAME BASSINET, sortant du hangar et portant une tête de singe dans ses bras.

Enfin ! je l'ai trouvée !

TOUS.

Qu'est-ce que c'est que ça?

MADAME BASSINET.

C'est une tête de singe que je viens de trouver dans ce hangar et qui...

DUBOCHARD, l'interrompant.

Et qui m'appartient... Elle faisait partie d'un lot que j'ai acheté l'an dernier à l'hôtel des ventes.

MADAME BASSINET, accablée.

A l'hôtel des ventes! Tiens, Phémie, voilà tout ce qui me reste de ton père.

BAPTISTE, sur le seuil de la maison.

Monsieur est servi.

TOUS.

A table! à table!

BOXOON, venant du potager.

Yes.

FIN

IMPRIMERIE GÉNÉRALE DE CHATILLON-SUR-SEINE, A. PICHAT.

MIRE ISO Nº 1

AFNOR 92049 PARIS LA DÉFENSE

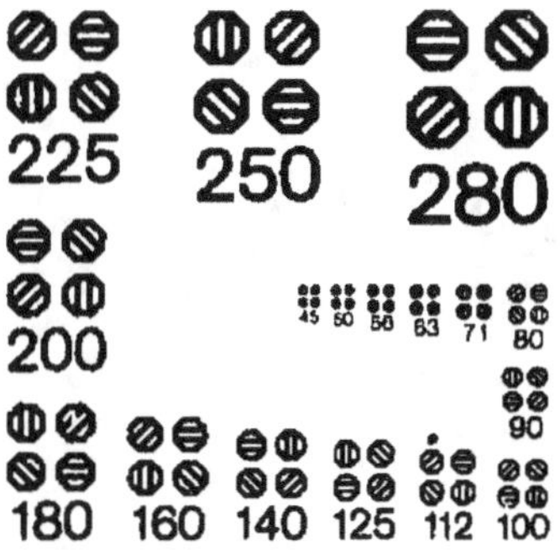

225 250 280

200

45 50 56 63 71 80

90

180 160 140 125 112 100

PRODUCTION SCRIPTUM PARIS

en conformité avec NF Z 43-011 et ISO 446:1991